Arthur Eva

Gehirnjogging für Seniorinnen und Senioren

Wissensquiz für jedefrau und jedermann

Stadt, Land, Fluss, Kultur, Sport und noch viel mehr

Arthur Eva

Gehirnjogging für Seniorinnen und Senioren

Dies und das, von A bis Z

ISENSEE VERLAG
OLDENBURG

Bibliografische Information Der deutschen Bibliothek

Die Deutsche Bibliothek verzeichnet diese Publikation in der Deutschen Nationalbibliografie; detaillierte bibliografische Daten sind im Internet über <http://dnb.d-nb.de> abrufbar.

ISBN 978-3-7308-2055-1

Gedruckt bei Isensee in Oldenburg

Das Gedächtnis ist das Tagebuch,

das wir alle in uns tragen.

- Oscar Wilde -

Auf Entdeckungsreise:

Kleine Schritte sind besser

als keine Schritte.

Inhalt

Hinweise und Tipps für die Benutzer	6
Aufwärmtraining	8
Länder	9
Städte	27
Flüsse	50
Seen	61
Inseln und Halbinseln	67
Deutsche Gebirge, Berge und Erhebungen	74
Bekannte Persönlichkeiten	77
Dies und das, von A bis Z	98
Lösungen	115

Hinweise und Tipps für die Benutzer

Dieses Übungsbuch ist eine wahre Fundgrube für Sie, wenn Sie gedächtnisfreundliches Gehirnjogging betreiben möchten. Sie können dabei durch entdeckendes Lernen Ihr Allgemeinwissen schnell verbessern.
Dieses unterhaltsame und informative Übungsbuch kann für Sie ein ständiger Wegbegleiter sein. In Wartezimmern, auf Reisen oder bei anderen Gelegenheiten können Sie Ihre grauen Gehirnzellen jederzeit auf Trab halten.

Hilfsmittel

Testen und verbessern Sie Ihr Allgemeinwissen. Wenn Sie etwas nicht oder nicht genau wissen, empfiehlt es sich, geeignetes Kartenmaterial und ein Konversationslexikon hinzuziehen, und/oder sich schlau zu googeln.

Entdeckendes Lernen

Je mehr Sie recherchierenderweise zu einem Posten erfahren, desto schneller lernen Sie etwas Neues hinzu, vielleicht auch etwas, nach dem Sie gar nicht gesucht haben. Es entsteht also ein Schneeballeffekt.

Wenn Sie sich beispielsweise nur wenig mit klassischer Musik auskennen, werden Sie vielleicht nicht wissen, wer Anne-Sophie Mutter ist. Dann können Sie folgende Quizaufgabe nicht beantworten:

Anne-Sophie Mutter ist

( ) eine weltberühmte Dirigentin.
( ) eine weltberühmte Geigerin.
( ) eine weltberühmte Pianistin.

Wenn Sie zunächst in einem Konversationslexikon nachschlagen, erfahren Sie zumindest, dass sie eine deutsche Violinistin ist. Wenn Sie noch mehr erfahren möchten, googeln Sie sich zielführend schlau. Zum Beispiel mit den Suchbegriffen *berühmte dirigentinnen, berühmte geigerinnen* und *berühmte pianistinnen.* Bei anderen Themen können Sie ebenso vorgehen.
Und jetzt gehen Sie bitte auf eine kurze Entdeckungsreise. Blättern Sie dieses Buch einmal kurz durch, um herauszufinden, wie es aufgebaut ist und wie Sie Ihre Gedächtnisleistung sowie Ihr Allgemeinwissen eigenständig verbessern können. Viel Spaß und Erfolg beim selbstbestimmten sowie entdeckenden Lernen!

Aufwärmtraining

Kreuzen Sie jeweils die richtige Lösung an. Benutzen Sie dazu bitte einen Bleistift, damit Sie später Fehler, die Sie gemacht haben, leichter korrigieren können.

Beispiel:

Alfeld liegt

(x) an der Leine.
(   ) an der Weser.
(   ) im Weserbergland.

Die **Camargue** ist eine

(   ) französische Fischsuppe.
(   ) französische Gemüsesuppe.
(   ) französische Landschaft.

Es gibt eine **Fährverbindung** zwischen Norddeich-Mole

(   ) und Juist.
(   ) und Langeoog.
(   ) und Spiekeroog.

Sie finden die Lösungen im Lösungsteil dieses Buches ab Seite 115.

Länder

Ägypten

( ) hat derzeit etwa 102 Millionen Einwohner.
( ) grenzt im Westen an den Sudan.
( ) grenzt im Süden an Libyen.

Andorra

( ) ist ein Fürstenturm.
( ) liegt am Mittelmeer.
( ) hat etwa 120 000 Einwohner.

Argentinien

( ) grenzt im Westen an Uruguay.
( ) hat etwa 70 Millionen Einwohner.
( ) wurde 2022 Fußballweltmeister.

Australien

( ) liegt südlich des Äquators.
( ) hat etwa 55 Millionen Einwohner.
( ) hat das Autokennzeichen AU.

Belarus

( ) ist ein Binnenland.
( ) hat etwa 14 Millionen Einwohner.
( ) hat das Autokennzeichen BR.

Belgien

( ) ist ein Königreich.
( ) hat etwa 19 Millionen Einwohner.
( ) hat das Autokennzeichen BN.

Bolivien

( ) ist ein Binnenland.
( ) grenzt im Süden an Peru.
( ) hat etwa 8 Millionen Einwohner.

Brasilien

( ) liegt beiderseits des Äquators.
( ) grenzt im Süden an Paraguay.
( ) wurde 2022 Fußballweltmeister.

Bulgarien

( ) ist ein Binnenland.
( ) hat etwa 12 Millionen Einwohner.
( ) ist Mitglied der EU und der NATO.

Die Hauptstadt von **Chile** ist

( ) La Paz.
( ) Lima.
( ) Santiago.

China

( ) hat etwa 1,1 Milliarden Einwohner.
( ) hat etwa 1,4 Milliarden Einwohner.
( ) hat das Autokennzeichen CHI.

Costa Rica

( ) ist ein südamerikanisches Land.
( ) ist ein zentralamerikanisches Land.
( ) grenzt im Süden an Brasilien.

Dänemark

( ) liegt südöstlich von Schweden.
( ) hat etwa 6 Millionen Einwohner.
( ) hat das Autokennzeichen DN.

Deutschland

( ) hat etwa 84 Millionen Einwohner.
( ) wurde 1988 wiedervereinigt.
( ) besteht aus 14 Bundesländern.

Ecuador

( ) liegt beiderseits des Äquators.
( ) liegt nördlich von Kolumbien.
( ) hat das Autokennzeichen ECU.

Estland

( ) ist der nördlichste der drei baltischen Staaten.
( ) ist der südlichste der drei baltischen Staaten.
( ) hat etwa 3 Millionen Einwohner.

Finnland

( ) ist ein Binnenland.
( ) grenzt im Osten an Schweden.
( ) hat etwa 5,5 Millionen Einwohner.

Frankreich

( ) ist flächenmäßig kleiner als Deutschland.
( ) besteht aus 18 Regionen.
( ) hat etwa 55 Millionen Einwohner.

Ghana

( ) grenzt im Westen an Togo.
( ) hat etwa 32 Millionen Einwohner.
( ) erlangte 1965 seine Unabhängigkeit.

Griechenland

(   ) hat etwa 17 Millionen Einwohner.
(   ) wurde 2004 Fußballeuropameister.
(   ) hat das Autokennzeichen GRI.

Der Staat **Großbritannien und Nordirland**

(   ) hat etwa 80 Millionen Einwohner.
(   ) ist Mitglied der Europäischen Union und der NATO.
(   ) hat das Autokennzeichen GB.

Guatemala

(   ) ist ein Staat in Mittelamerika.
(   ) ist ein Staat in Südamerika.
(   ) hat etwa 9 Millionen Einwohner.

Haiti

(   ) ist eine ehemalige französische Kolonie.
(   ) ist eine ehemalige niederländische Kolonie.
(   ) ist eine ehemalige portugiesische Kolonie.

Indien

(   ) hat etwa 1,1 Milliarden Einwohner.
(   ) grenzt im Nordwesten an Pakistan.
(   ) erlangte 1952 seine Unabhängigkeit.

Der **Iran**

( ) grenzt im Nordosten an Aserbaidschan.
( ) grenzt im Nordosten an Turkmenistan.
( ) hat etwa 103 Millionen Einwohner.

Irland

( ) ist eine parlamentarische Demokratie.
( ) hat ungefähr 8 Millionen Einwohner.
( ) hat ungefähr 11 Millionen Einwohner.

Island

( ) liegt nördlich des Polarkreises.
( ) hat etwa 370 000 Einwohner.
( ) hat das Autokennzeichen ISL.

Israel

( ) grenzt im Osten an Syrien und Jordanien.
( ) hat etwa 16 Millionen Einwohner.
( ) hat das Autokennzeichen IS.

Italien

( ) hat etwa 60 Millionen Einwohner.
( ) hat mehr Einwohner als Frankreich.
( ) hat das Autokennzeichen IT.

Jamaika

( ) liegt nördlich von Kuba.
( ) liegt östlich von Kuba.
( ) liegt südlich von Kuba.

Japan

( ) hat etwa 96 Millionen Einwohner.
( ) hat etwa 189 Millionen Einwohner.
( ) hat das Autokennzeichen J.

Kamerun

( ) liegt südlich des Äquators.
( ) hat etwa 27 Millionen Einwohner.
( ) hat das Autokennzeichen CN.

Kanada

( ) ist flächenmäßig größer als Russland.
( ) hat etwa 38 Millionen Einwohner.
( ) hat das Autokennzeichen CN.

Kasachstan

( ) ist ein Nachfolgestaat der Sowjetunion.
( ) ist eine autonome russische Republik.
( ) hat das Autokennzeichen KAZ.

Katar

( ) liegt am Persischen Golf.
( ) liegt am Roten Meer.
( ) hat etwa 6 Millionen Einwohner.

Kenia

( ) grenzt im Norden an Ägypten.
( ) liegt beiderseits des Äquators.
( ) hat etwa 37 Millionen Einwohner.

Kroatien

( ) entstand 1990 durch den Zerfall Jugoslawiens.
( ) hat etwa 6 Millionen Einwohner.
( ) hat das Autokennzeichen KRO.

Lettland

( ) liegt südlich von Estland.
( ) hat etwa 3 Millionen Einwohner.
( ) hat das Autokennzeichen LL.

Der **Libanon** grenzt im Süden an

( ) Israel.
( ) Jordanien.
( ) Syrien.

Libyen

( ) grenzt im Westen an Ägypten.
( ) hat etwa 7 Millionen Einwohner.
( ) hat das Autokennzeichen LBN.

Liechtenstein

( ) liegt zwischen der Schweiz und Italien.
( ) ist ein Steuerparadies.
( ) hat das Autokennzeichen LIE.

Litauen

( ) ist der südlichste der drei baltischen Staaten.
( ) hat etwa 5 Millionen Einwohner.
( ) hat das Autokennzeichen LIT.

Luxemburg

( ) liegt zwischen Belgien, Deutschland und Frankreich.
( ) hat etwa 2 Millionen Einwohner.
( ) hat das Autokennzeichen LX.

Madagaskar

( ) liegt im Pazifischen Ozean.
( ) hat etwa 28 Millionen Einwohner.
( ) hat das Autokennzeichen MG.

Malawi

( ) ist ein afrikanisches Binnenland.
( ) hat etwa 29 Millionen Einwohner.
( ) hat das Autokennzeichen ML.

Malaysia ist ein Land in

( ) Mittelamerika.
( ) Südafrika.
( ) Südostasien.

Mali

( ) ist ein afrikanisches Binnenland.
( ) grenzt im Westen an Algerien.
( ) hat etwa 9 Millionen Einwohner.

Mexiko

( ) grenzt im Norden an die USA.
( ) hat etwa 99 Millionen Einwohner.
( ) hat das Autokennzeichen MX.

Die **Mongolei**

( ) liegt zwischen Russland und China.
( ) hat etwa 6 Millionen Einwohner.
( ) hat das Autokennzeichen ML.

Montenegro

( ) ist ein schwer zugängliches Bergland an der Adria.
( ) ist ein Mitglied der Europäischen Union.
( ) hat etwa 2 Millionen Einwohner.

Namibia grenzt im Westen an

( ) den Atlantik.
( ) an Botswana.
( ) an Südafrika.

Nepal

( ) grenzt im Norden an China.
( ) hat etwa 19 Millionen Einwohner.
( ) hat das Autokennzeichen NP.

Wie heißt die Hauptstadt von **Neuseeland?**

( ) Brisbane
( ) Canberra
( ) Wellington

Die **Niederlande**

( ) sind ein Königreich.
( ) grenzen im Süden an Luxemburg.
( ) haben etwa 11 Millionen Einwohner.

Die Hauptstadt von **Nigeria** ist

( ) Abuja.
( ) Bamako.
( ) Nairobi.

Nordmazedonien

( ) ist ein Mittelmeeranrainer.
( ) hat etwa 4 Millionen Einwohner.
( ) hat das Autokennzeichen NMK.

Norwegen

( ) ist ein Königreich.
( ) hat etwa 9 Millionen Einwohner.
( ) hat das Autokennzeichen NOR.

Österreich

( ) grenzt im Osten an Tschechien.
( ) hat etwa 9 Millionen Einwohner.
( ) ist ein NATO-Mitgliedstaat.

Pakistan grenzt im Westen an

( ) Afghanistan.
( ) den Iran.
( ) Indien.

Peru

( ) grenzt im Norden an Ecuador und Kolumbien.
( ) hat etwa 20 Millionen Einwohner.
( ) hat das Autokennzeichen PU.

Polen

( ) grenzt im Süden an Tschechien und die Slowakei.
( ) hat etwa 39 Millionen Einwohner.
( ) hat das Autokennzeichen P.

Portugal

( ) ist ein Mittelmeeranrainer.
( ) hat etwa 16 Millionen Einwohner.
( ) hat das Autokennzeichen P.

Rumänien

( ) grenzt im Norden an die Ukraine.
( ) grenzt im Osten an Ungarn.
( ) hat etwa 31 Millionen Einwohner.

Russland

( ) ist flächenmäßig fast doppelt so groß wie die USA.
( ) grenzt im Nordwesten an Schweden.
( ) hat etwa 200 Millionen Einwohner.

San Marino

( ) ist die kleinste Republik Europas.
( ) hat etwa 60 000 Einwohner.
( ) hat das Autokennzeichen SM.

Saudi-Arabien

( ) ist eine parlamentarische Demokratie.
( ) grenzt im Süden an Jemen und den Oman.
( ) hat etwa 80 Millionen Einwohner.

Schweden

( ) ist flächenmäßig größer als Deutschland.
( ) ist flächenmäßig kleiner als Finnland.
( ) hat etwa 7 Millionen Einwohner.

Die **Schweiz**

( ) ist eine föderale Republik.
( ) besteht aus 18 Kantonen.
( ) hat das Autokennzeichen SZ.

Serbien

( ) grenzt im Norden an Ungarn.
( ) ist ein Mitglied der Europäischen Union.
( ) hat das Autokennzeichen SB.

Singapur

( ) grenzt im Norden an Malaysia.
( ) grenzt im Süden an Malaysia.
( ) hat etwa 12 Millionen Einwohner.

Die **Slowakei**

( ) grenzt im Osten an die Ukraine.
( ) grenzt im Westen an Ungarn.
( ) hat etwa 3 Millionen Einwohner.

Slowenien

( ) grenzt im Norden an Österreich.
( ) grenzt im Westen an Ungarn.
( ) hat etwa 5 Millionen Einwohner.

Spanien

( ) ist ein Königreich.
( ) hat etwa 60 Millionen Einwohner.
( ) hat etwa 30 Millionen Einwohner.

Der **Sudan**

( ) ist eine Republik in Nordostafrika.
( ) hat etwa 32 Millionen Einwohner.
( ) hat das Autokennzeichen SD.

Syrien

( ) grenzt im Norden an die Türkei.
( ) grenzt im Süden an den Irak.
( ) hat das Autokennzeichen SN.

Die Hauptstadt von **Taiwan** ist

( ) Hanoi.
( ) Manila.
( ) Taipeh.

Die Hauptstadt von **Thailand** ist

( ) Bangkok.
( ) Hanoi.
( ) Rangun.

Togo

( ) liegt südlich des Äquators.
( ) grenzt im Osten an Ghana.
( ) hat etwa 8.4 Millionen Einwohner.

Tschechien

( ) grenzt im Nordosten an Polen.
( ) grenzt im Süden an Ungarn.
( ) hat etwa 7 Millionen Einwohner.

Tunesien

( ) grenzt im Osten an Algerien.
( ) grenzt im Süden an Algerien.
( ) grenzt im Westen an Algerien.

Die **Türkei**

( ) hat etwa 85 Millionen Einwohner.
( ) hat etwa 56 Millionen Einwohner.
( ) ist ein Mitglied der Europäischen Union.

Die **Ukraine**

( ) ist flächenmäßig größer als Polen.
( ) hat etwa 20 Millionen Einwohner.
( ) hat das Autokennzeichen UK.

Ungarn

( ) grenzt im Norden an Tschechien.
( ) hat etwa 16 Millionen Einwohner.
( ) hat das Autokennzeichen H.

Vatikanstadt

( ) ist im Herzen Roms gelegen.
( ) hat etwa 3 300 Einwohner.
( ) hat das Autokennzeichen VT.

Die Hauptstadt von **Venezuela** ist

( ) Caracas.
( ) Bogota.
( ) Santa Domingo.

Zypern

( ) ist eine Insel, die südlich von Griechenland liegt.
( ) ist zweigeteilt.
( ) hat das Autokennzeichen CYP.

Städte

Aachen ist eine Stadt in

( ) Hessen.
( ) Nordrhein-Westfalen.
( ) Rheinland-Pfalz.

Aberdeen ist eine Stadt in

( ) Irland.
( ) Schottland.
( ) Wales.

Addis Abeba ist die Hauptstadt von

( ) Äthiopien.
( ) Kenia.
( ) Somalia.

Ajaccio

( ) ist die Hauptstadt der Insel Korsika.
( ) ist die Hauptstadt der Insel Sardinien.
( ) ist die Hauptstadt des Fürstentums Liechtenstein.

Amsterdam

( ) ist die Hauptstadt der Niederlande.
( ) hat etwa 990 000 Einwohner.
( ) liegt an der Mündung des Rheins in die Nordsee.

Ankara liegt

( ) am Bosporus.
( ) am Schwarzen Meer.
( ) in Inneranatolien.

Astrachan

( ) ist eine russische Hafenstadt am Schwarzen Meer.
( ) ist eine russische Hafenstadt im Wolgadelta.
( ) ist eine Hafenstadt am Asowschen Meer.

Baltimore ist eine Großstadt im amerikanischen Staat

( ) Connecticut.
( ) Maryland.
( ) Pennsylvania.

Barcelona

( ) ist eine spanische Hafenstadt am Mittelmeer.
( ) liegt am Golf von Biskaya.
( ) liegt in Kastilien.

In **Basel** kann man

( ) den Inn überqueren.
( ) in der Aare baden.
( ) im Rhein schwimmen.

Belfast ist eine Stadt in

( ) Irland.
( ) Nordirland.
( ) Schottland.

Berlin wird von der

( ) Elbe durchflossen.
( ) Moldau durchflossen.
( ) Spree durchflossen.

Boston ist die Hauptstadt von

( ) Massachusetts.
( ) Maine.
( ) Michigan.

Welcher Fluss fließt durch **Budapest?**

( ) Der Don
( ) Die Donau
( ) Die Moldau

Calgary ist eine

( ) Hafenstadt in Schottland.
( ) Großstadt in Australien.
( ) Stadt in Kanada.

Cardiff ist

( ) die Hauptstadt von Wales.
( ) eine irische Hafenstadt.
( ) eine schottische Hafenstadt.

Celle liegt

( ) an der Aller.
( ) an der Leine.
( ) nordwestlich von Hannover.

Charkiw

( ) ist eine Gebietshauptstadt in der Ukraine.
( ) liegt am Schwarzen Meer.
( ) ist eine russische Stadt in Ostsibirien.

Cherbourg

( ) liegt an der Seine.
( ) liegt an der Loire.
( ) ist eine französische Hafenstadt.

Córdoba

( ) ist eine spanische Provinzhauptstadt.
( ) liegt am Ebro.
( ) liegt am Tajo.

Damaskus ist die Hauptstadt

( ) des Iraks.
( ) des Libanons.
( ) Syriens.

Denver ist die Hauptstadt des amerikanischen Staates

( ) Arkansas.
( ) Colorado.
( ) Indiana.

Dresden ist

( ) die Landeshauptstadt von Thüringen.
( ) die Landeshauptstadt von Sachsen-Anhalt.
( ) die Landeshauptstadt von Sachsen.

Eindhoven

( ) ist eine belgische Hafenstadt.
( ) ist eine niederländische Industriestadt.
( ) liegt am Rhein.

Eisenach ist eine Stadt in

( ) Brandenburg.
( ) Hessen.
( ) Thüringen.

Emmerich ist eine Stadt in

( ) Belgien.
( ) den Niederlanden.
( ) Nordrhein-Westfalen.

Erfurt ist

( ) die Landeshauptstadt von Sachsen.
( ) die Landeshauptstadt von Brandenburg.
( ) die Landeshauptstadt von Thüringen.

Fort Lauderdale ist eine Stadt in

( ) Florida.
( ) Texas.
( ) Virginia.

Friedrichshafen liegt

( ) am Bodensee.
( ) an der Donau.
( ) an der Ostsee.

Fulda ist eine Stadt

( ) an der Weser.
( ) an der Oder.
( ) in Hessen.

Fürth ist eine Stadt

( ) am Bodensee.
( ) im Alpenvorland.
( ) in Franken.

Galway ist

( ) eine irische Hafenstadt.
( ) eine schottische Stadt.
( ) eine Stadt in Wales.

Glasgow ist

( ) die größte Stadt Schottlands.
( ) die Hauptstadt Schottlands.
( ) die größte Stadt und die Hauptstadt Schottlands.

Görlitz liegt an der

( ) Elbe.
( ) Moldau.
( ) Neiße.

Göteborg liegt am

( ) Bottnischen Meerbusen.
( ) Kattegat.
( ) Skagerrak.

Göttingen liegt an der

( ) Fulda.
( ) Leine.
( ) Werra.

Greifswald ist eine Stadt in

( ) Brandenburg.
( ) Mecklenburg-Vorpommern.
( ) Thüringen.

Wie heißt die **größte Stadt der Schweiz?**

( ) Basel
( ) Bern
( ) Zürich

Halifax ist eine Stadt

( ) im nördlichen England.
( ) in Schottland.
( ) in Wales.

Wie heißt die **Hauptstadt der Schweiz?**

( ) Basel
( ) Bern
( ) Genf

Die **Hauptstadt des Libanon** ist

( ) Beirut.
( ) Damaskus.
( ) Tripolis.

Die **Hauptstadt des Senegals** ist

( ) Conakry.
( ) Dakar.
( ) Monrovia.

Die **Hauptstadt Libyens** ist

( ) Bengasi.
( ) Tripoli.
( ) Tripolis.

Wie heißt die **Hauptstadt von Bulgarien?**

( ) Budapest
( ) Bukarest
( ) Sofia

Wie heißt die **Hauptstadt von Jordanien?**

( ) Amman
( ) Bagdad
( ) Damaskus

Wie heißt die **Hauptstadt von Kanada?**

( ) Montreal
( ) Ottawa
( ) Toronto

Wie heißt die **Hauptstadt von Kenia?**

( ) Mombasa
( ) Monrovia
( ) Nairobi

Die **Hauptstadt von Kuba** ist

( ) Havanna.
( ) Kingston.
( ) San Juan.

Die **Hauptstadt von Marokko** ist

( ) Bengasi.
( ) Casablanca.
( ) Rabat.

Die **Hauptstadt von Massachusetts** ist

( ) Albany.
( ) Boston.
( ) Columbus.

Die **Hauptstadt von Michigan**

( ) ist Detroit.
( ) ist Lansing.
( ) ist Pontiac.

Die **Hauptstadt von Nicaragua** ist

( ) Bogota.
( ) Caracas.
( ) Managua.

Die **Hauptstadt von Uruguay** ist

( ) La Paz.
( ) Lima.
( ) Montevideo.

Hull ist

( ) eine englische Hafenstadt.
( ) eine irische Hafenstadt.
( ) eine schottische Hafenstadt.

Idar-Oberstein liegt

( ) am Neckar.
( ) an der Ahr.
( ) an der Nahe.

Ingolstadt liegt

( ) am Rhein.
( ) an der Donau.
( ) an der Mosel.

Izmir

( ) hieß früher Smyrna.
( ) liegt in Griechenland.
( ) liegt in Spanien.

Jakutsk liegt

( ) am Jenissei.
( ) an der Lena.
( ) an der Wolga.

Jalta ist ein Kurort

( ) am Kaspischen Meer.
( ) an der Ostsee.
( ) auf der Krim.

Jena ist eine Stadt in

( ) Sachsen.
( ) Sachsen-Anhalt.
( ) Thüringen.

Jever ist eine Stadt

( ) im Ammerland.
( ) in Nordfriesland.
( ) in Ostfriesland.

Johannesburg

( ) ist die Hauptstadt von Südafrika.
( ) liegt am Indischen Ozean.
( ) wurde als Goldgräberstadt gegründet.

Jūrmala

( ) ist eine Stadt in Estland.
( ) ist eine Stadt in Lettland.
( ) ist eine Stadt in Litauen.

Kabul ist die Hauptstadt von

( ) Afghanistan.
( ) Kasachstan.
( ) Pakistan.

Khartum ist

( ) die Hauptstadt der Republik Sudan.
( ) eine ägyptische Großstadt.
( ) eine Stadt in Äthiopien.

Kaliningrad

( ) hieß früher Königsberg.
( ) liegt an der Newa.
( ) liegt an der Wolga.

An welchem Fluss liegt **Kiew?**

( ) Am Bug
( ) Am Dnjepr
( ) Am Don

Klaipėda

( ) hieß früher Memel.
( ) ist eine Hafenstadt in Estland.
( ) ist eine Hafenstadt in Lettland.

Leipzig

( ) ist die Landeshauptstadt von Sachsen.
( ) hat etwa 920 700 Einwohner.
( ) liegt an der Elster und Pleiße.

Lima ist die Hauptstadt von

( ) Chile.
( ) Peru.
( ) Uruguay.

Liverpool

( ) ist eine Hafenstadt an der Nordsee.
( ) ist eine Hafenstadt in Westengland.
( ) hat etwa 880 300 Einwohner.

London wurde

( ) von den Angelsachsen gegründet.
( ) von den Römern gegründet.
( ) von den Wikingern gegründet.

Mainz ist

( ) die Landeshauptstadt von Hessen.
( ) die Landeshauptstadt von Rheinland-Pfalz.
( ) die Landeshauptstadt von Baden-Württemberg.

Magdeburg

( ) ist die Landeshauptstadt von Sachsen.
( ) ist die Landeshauptstadt von Sachsen-Anhalt.
( ) liegt an der Oder.

Murmansk

( ) ist die Gebietshauptstadt der Halbinsel Kola.
( ) liegt an der Wolga.
( ) liegt in Ostsibirien.

Nairobi ist die Hauptstadt von

( ) Kenia.
( ) Tansania.
( ) Uganda.

Newcastle

( ) ist eine Hafenstadt an der Ostküste Englands.
( ) ist eine schottische Hafenstadt.
( ) hat etwa 670 000 Einwohner.

Nikosia ist die Hauptstadt von

( ) Korsika.
( ) Sardinien.
( ) Zypern.

Wie heißt die **nördlichste Stadt Europas?**

( ) Bergen
( ) Hammerfest
( ) Murmansk

Nottingham

( ) ist eine Stadt im mittleren England.
( ) ist eine Hafenstadt in Schottland.
( ) hat etwa 505 000 Einwohner.

Nowosibirsk

( ) liegt am Jenissei.
( ) liegt am Ob.
( ) liegt in Ostsibirien.

Oberhof ist eine Stadt

( ) im Erzgebirge.
( ) im Harz.
( ) im Thüringer Wald.

Oslo ist die Hauptstadt von

( ) Lettland.
( ) Norwegen.
( ) Schweden.

Osnabrück

( ) hat etwa 207 000 Einwohner.
( ) ist ein Bischofssitz.
( ) liegt südlich vom Teutoburger Wald.

Palermo ist die Hauptstadt von

( ) Korsika.
( ) Sardinien.
( ) Sizilien.

Wie heißt das Vergnügungsviertel von **Paris?**

( ) Montmartre
( ) Montparnasse
( ) Quartier Latin

Potsdam

( ) ist die Landeshauptstadt von Brandenburg.
( ) ist die Landeshauptstadt von Sachsen.
( ) ist die Landeshauptstadt von Thüringen.

An welchem Fluss liegt **Prag?**

( ) An der Eger
( ) An der Elbe
( ) An der Moldau

Quito ist die Hauptstadt von

( ) Ecuador.
( ) Kolumbien.
( ) Venezuela.

Rio de Janeiro

( ) ist die Hauptstadt von Brasilien.
( ) ist eine Stadt in Argentinien.
( ) liegt in der Nähe des Südlichen Wendekreises.

Wann wurde **Rom** gegründet?

( ) 965 v. Chr.
( ) 853 v. Chr.
( ) 753 v. Chr.

Salzburg

( ) liegt an der Donau.
( ) hat etwa 300 000 Einwohner.
( ) ist ein katholischer Bischofssitz.

Sankt Moritz ist ein Kurort und Wintersportort in

( ) Deutschland.
( ) der Schweiz.
( ) Österreich.

Sevilla ist eine Stadt

( ) am Mittelmeer.
( ) in Andalusien.
( ) in Kastilien.

Timbuktu

( ) ist die Hauptstadt von Mali.
( ) ist die Hauptstadt von Mauretanien.
( ) ist eine Oasenstadt in Mali.

Tirana ist die Hauptstadt von

( ) Albanien.
( ) Algerien.
( ) Slowenien.

Toledo

( ) liegt am Ebro.
( ) liegt an der Costa Blanca.
( ) liegt am Tajo.

Überlingen ist eine Stadt in

( ) Bayern.
( ) Baden-Württemberg.
( ) Hessen.

Ufa

( ) ist eine italienische Stadt.
( ) ist eine japanische Stadt.
( ) ist eine russische Stadt.

Uppsala ist eine Stadt in

( ) Finnland.
( ) Norwegen.
( ) Schweden.

Valencia

( ) liegt am Golf von Biskaya.
( ) liegt an der Ostküste Spaniens.
( ) liegt in Kastilien.

Venedig liegt

( ) am Adriatischen Meer.
( ) am Ligurischen Meer.
( ) westlich von Verona.

Vilnius ist die Hauptstadt von

( ) Lettland.
( ) Litauen.
( ) Weißrussland.

Warschau liegt an der

( ) Neiße.
( ) Oder.
( ) Weichsel.

Weimar ist eine Stadt in

( ) Brandenburg.
( ) Thüringen.
( ) Sachsen.

Windhuk ist die Hauptstadt von

( ) Angola.
( ) Namibia.
( ) Sambia.

Wiesbaden ist

( ) die Landeshauptstadt von Hessen.
( ) die Landeshauptstadt von Rheinland-Pfalz.
( ) die Landeshauptstadt von Baden-Württemberg.

Wladiwostok

( ) ist der Endpunkt der Transsibirischen Eisenbahn.
( ) liegt in Nordsibirien.
( ) liegt in Westsibirien.

Wolgograd

( ) hieß bis 1961 Stalingrad.
( ) liegt links der Wolga.
( ) hat etwa 600 000 Einwohner.

Xanten ist eine Stadt

( ) am Niederrhein.
( ) am Oberrhein.
( ) an der Mosel.

York ist

( ) eine englische Hafenstadt.
( ) eine Stadt in Nordengland.
( ) eine Stadt in Ostengland.

Zagreb ist die Hauptstadt

( ) Kroatiens.
( ) Serbiens.
( ) Sloweniens.

Zwolle ist eine

( ) niederländische Hafenstadt.
( ) niederländische Provinzhauptstadt.
( ) Stadt in Belgien.

Flüsse

Entdeckendes Lernen: Es ist empfehlenswert, geeignete Übersichtskarten hinzuzuziehen, weil Sie sonst in vielen Fällen ratlos sind und raten müssten. Fast jedes Mal, wenn Sie mit einer Karte arbeiten, werden Sie ein Erfolgserlebnis haben. Und Sie lernen zudem ganz nebenher einiges hinzu.

Die **Aller**

( ) ist ein Nebenfluss der Elbe.
( ) ist ein Nebenfluss der Weser.
( ) fließt in die Ostsee.

Die **Alster**

( ) ist ein linker Nebenfluss der Elbe.
( ) ist ein rechter Nebenfluss der Elbe.
( ) mündet in die Nordsee.

Die **Altmühl** ist ein Nebenfluss

( ) der Donau.
( ) der Elbe.
( ) der Oder.

Der **Amazonas**

( ) fließt von den Anden zum Pazifik.
( ) ist etwa 4 400 Kilometer lang.
( ) ist der längste Strom Südamerikas.

Der **Amur**

( ) ist ein Strom in Westsibirien.
( ) ist ein Strom in Ostasien.
( ) ist ein Strom in Mesopotamien.

Der **Brahmaputra**

( ) entspringt im Ural.
( ) ist etwa 3 000 Kilometer lang.
( ) mündet in das Arabische Meer.

Der **Dnepr**

( ) ist der drittlängste Fluss Europas.
( ) ist länger als die Wolga.
( ) mündet in das Kaspische Meer

Der **Don** mündet in

( ) das Asowsche Meer.
( ) das Kaspische Meer.
( ) das weiße Meer.

Wie lang ist die **Donau?**

(   ) 1 987 Kilometer
(   ) 2 460 Kilometer
(   ) 2 850 Kilometer

Der **Ebro** ist ein spanischer Fluss,

(   ) der ins Mittelmeer mündet.
(   ) der in den Atlantischen Ozean mündet.
(   ) der etwa 1 400 Kilometer lang ist.

Die **Elbe**

(   ) entspringt in den Karpaten.
(   ) ist etwa 1 165 Kilometer lang.
(   ) mündet bei Bremerhaven in die Nordsee.

Der **Euphrat**

(   ) ist der größte Strom Vorderasiens.
(   ) ist etwa 2 750 Kilometer lang.
(   ) mündet in das Rote Meer.

Die **Fulda**

(   ) entspringt im Harz.
(   ) mündet in die Elbe.
(   ) ist 218 Kilometer lang.

Der **Ganges**

( ) ist der heilige Strom der Hindus.
( ) ist der Hauptstrom Hinterindiens.
( ) ist etwa 3 900 Kilometer lang.

Die **Garonne**

( ) entspringt in den Pyrenäen.
( ) durchfließt Lyon.
( ) ist etwa 980 Kilometer lang.

Der **Guadalquivir**

( ) ist ein Fluss im nördlichen Spanien.
( ) ist ein Fluss im südlichen Spanien.
( ) mündet in den Golf von Biskaya.

Die **Ilmenau**

( ) ist ein linker Nebenfluss der Elbe.
( ) ist ein rechter Nebenfluss der Elbe.
( ) ist ein Nebenfluss der Weser.

Der **Indus**

( ) ist der größte Strom des Indischen Subkontinents.
( ) entspringt im Hindukusch.
( ) ist etwa 2 000 Kilometer lang.

Der **Irtysch** ist ein Nebenfluss

( ) der Lena.
( ) der Wolga.
( ) des Obs.

Die **Isar** ist ein Nebenfluss

( ) der Donau.
( ) der Mosel.
( ) des Rheins.

Die **Jade** ist

( ) ein Küstenfluss in Niedersachsen.
( ) ein Nebenfluss der Ems.
( ) ein Nebenfluss der Weser.

Der **Jangtsekiang**

( ) ist der längste Fluss Asiens.
( ) ist etwa 4 450 Kilometer lang.
( ) mündet in das Gelbe Meer.

Der **Jenissei**

( ) ist ein Strom in Sibirien.
( ) ist etwa 3 300 Kilometer lang.
( ) mündet in das Nordpolarmeer.

Der **Jordan** fließt ins

( ) Mittelmeer.
( ) Rote Meer.
( ) Tote Meer.

Der **Kongo**

( ) ist der wasserreichste Strom Afrikas.
( ) ist etwa 3 760 Kilometer lang.
( ) mündet in den Indischen Ozean.

Die **Lena**

( ) ist ein Fluss in Westsibirien.
( ) ist etwa 3 350 Kilometer lang.
( ) mündet in das Nordpolarmeer.

Die **Loire**

( ) ist der größte Fluss Frankreichs.
( ) ist etwa 770 Kilometer lang.
( ) mündet in das Mittelmeer.

Der **Mackenzie**

( ) ist ein Fluss in Alaska.
( ) ist ein Fluss in Australien.
( ) mündet in das Nordpolarmeer.

Der **Mekong**

( ) ist der größte Strom Vorderindiens.
( ) ist etwa 3 300 Kilometer lang.
( ) mündet ins Südchinesische Meer.

Die **Memel**

( ) entspringt nördlich von Minsk.
( ) ist etwa 770 Kilometer lang.
( ) mündet ins Kurische Haff.

Der **Mississippi**

( ) ist der längste Fluss der Welt.
( ) mündet in den Atlantischen Ozean.
( ) mündet in den Golf von Mexiko.

Die **Moldau** ist ein Nebenfluss der

( ) Donau.
( ) Elbe.
( ) Weichsel.

Die **Mosel**

( ) entspringt im Schwarzwald.
( ) entspringt in den Vogesen.
( ) ist ein rechter Nebenfluss des Rheins.

Der **Niger** ist der größte Strom

( ) Nordafrikas.
( ) Westafrikas.
( ) Ostafrikas.

Der **Nil**

( ) mündet in das Rote Meer.
( ) durchfließt Äthiopien.
( ) ist etwa 6 670 Kilometer lang.

Der **Ob**

( ) ist der Hauptstrom Ostsibiriens.
( ) ist der Hauptstrom Westsibiriens.
( ) mündet in das Schwarze Meer.

Die **Oder**

( ) ist ein Fluss in Mitteleuropa.
( ) ist etwa 645 Kilometer lang.
( ) ist etwa 1 220 Kilometer lang.

Der **Ohio** ist ein

( ) linker Nebenfluss des Mississippi.
( ) rechter Nebenfluss des Mississippi.
( ) Nebenfluss des Missouri.

Der **Orinoko**

( ) ist ein Strom in Afrika.
( ) ist ein Strom in Südamerika.
( ) mündet in das Karibische Meer.

Der **Po** ist der längste Fluss

( ) Frankreichs.
( ) Italiens.
( ) Spaniens.

Der **Rhein**

( ) ist etwa 1750 Kilometer lang.
( ) durchfließt den Bodensee.
( ) durchfließt Heidelberg.

Der **Rio Grande do Norte**

( ) ist ein Fluss im südlichen Teil Nordamerikas.
( ) ist etwa 4 430 Kilometer lang.
( ) mündet in den Atlantischen Ozean.

Der **Sambesi**

( ) ist ein Strom im südlichen Afrika.
( ) fließt in den Atlantischen Ozean.
( ) ist etwa 1 900 Kilometer lang.

Die **Seine**

( ) durchfließt Orleans.
( ) ist etwa 990 Kilometer lang.
( ) mündet bei Le Havre in den Ärmelkanal.

Der **Shannon** ist der längste Fluss

( ) Australiens.
( ) Irlands.
( ) Kanadas.

Welche Stadt liegt am **Tiber?**

( ) Genua
( ) Neapel
( ) Rom

Der **Tigris** ist ein Fluss in

( ) Sibirien.
( ) Spanien.
( ) Vorderasien.

Die **Weichsel**

( ) ist ein deutscher Fluss.
( ) ist etwa 1550 Kilometer lang.
( ) mündet in die Danziger Bucht.

Die **Werra** entspringt

( ) im Thüringer Wald.
( ) im Harz.
( ) in der Rhön.

Die **Weser**

( ) entspringt im Harz.
( ) entspringt im Weserbergland.
( ) ist etwa 440 Kilometer lang.

Die **Wolga**
( ) ist der zweitlängste Fluss Europas.
( ) ist etwa 2 950 Kilometer lang.
( ) mündet mit einem Delta ins Kaspische Meer.

Der **Yukon River** mündet in

( ) das Beringmeer.
( ) das Nordpolarmeer.
( ) den Golf von Alaska.

Die **Ziller** ist ein Fluss in

( ) Bayern.
( ) Österreich.
( ) der Schweiz.

Seen

Auch hier empfiehlt es sich, geeignete Übersichtskarten hinzuzuziehen.

Der **Ammersee** ist

( ) ein See im Ammerland.
( ) ein See in Bayern.
( ) ein See in Mecklenburg.

Der **Aralsee**

( ) ist ein Salzsee östlich des Kaspischen Meeres.
( ) liegt in Ostsibirien.
( ) liegt in der Ukraine.

Der **Baikalsee**

( ) liegt in Nordsibirien.
( ) ist 987 Meter tief.
( ) ist der tiefste See der Erde.

Der **Balchaschsee** ist ein See in

( ) der Mongolei.
( ) Kasachstan.
( ) Ostsibirien.

Der **Bodensee**

( ) ist der tiefste deutsche See.
( ) ist bis zu 21 Kilometer breit.
( ) wird von der Donau durchflossen.

Der **Chiemsee**

( ) ist der größte See Bayerns.
( ) ist der tiefste österreichische See.
( ) ist bis zu 110 Meter tief.

Der **Dümmer**

( ) ist der größte See von Niedersachsen.
( ) ist der zweitgrößte See von Niedersachsen.
( ) ist der drittgrößte See von Niedersachsen.

Der **Eriesee**

( ) ist einer der Großen Seen Nordamerikas.
( ) liegt in Kanada.
( ) ist der tiefste See Nordamerikas.

Der **Genfer See**

( ) ist der größte Alpensee.
( ) liegt 202 Meter über dem Meeresspiegel.
( ) ist bis zu 190 Meter tief.

Der **Huronsee**

( ) ist einer der fünf Großen Seen Nordamerikas.
( ) liegt in Alaska.
( ) liegt in Manitoba.

Das **Kaspische Meer**

( ) ist der größte Binnensee der Erde.
( ) liegt westlich vom Kaukasus.
( ) liegt nördlich vom Schwarzen Meer.

Der **Ladogasee** in Russland ist der

( ) größte See Europas.
( ) zweitgrößte See Europas.
( ) drittgrößte See Europas.

Der **Lago Maggiore**

( ) liegt am Südfuß der Alpen.
( ) liegt in der Schweiz.
( ) wird vom Rhein durchflossen.

Der **Michigansee** ist der

( ) nördlichste der fünf Großen Seen Nordamerikas.
( ) östlichste der fünf Großen Seen.
( ) südwestlichste der fünf Großen Seen.

Der **Neusiedler See**

( ) liegt in der Schweiz.
( ) liegt in der Steiermark.
( ) ist ein flacher, abflussloser, leicht salzhaltiger See.

Der **Obere See** ist der

( ) kleinste der fünf Großen Seen Nordamerikas.
( ) östlichste der fünf Großen Seen.
( ) größte Süßwassersee der Erde.

Der **Ontariosee** ist

( ) der südlichste der fünf Großen Seen Nordamerikas.
( ) der westlichste der fünf Großen Seen.
( ) der kleinste der fünf Großen Seen.

Der **Plattensee** liegt in

( ) Mecklenburg.
( ) Österreich.
( ) Ungarn.

Der **Ratzeburger See** liegt in

( ) Mecklenburg.
( ) Niedersachsen.
( ) Schleswig-Holstein.

Der **Schluchsee** liegt

( ) im nördlichen Schwarzwald.
( ) im südlichen Schwarzwald.
( ) in den Vogesen.

Der **Starnberger See** liegt in

( ) Baden-Württemberg.
( ) Bayern.
( ) Schleswig-Holstein.

Das **Steinhuder Meer** ist ein See in

( ) Hessen.
( ) Niedersachsen.
( ) Schleswig-Holstein.

Der **Titisee** liegt

( ) im Allgäu.
( ) im Schwarzwald.
( ) in Bayern.

Der **Titicacasee**

( ) liegt zwischen Peru und Argentinien.
( ) liegt 3 812 Meter über dem Meeresspiegel.
( ) ist bis zu 365 Meter tief.

Der **Überlinger See** ist

( ) der nordwestlichste Ausläufer des Bodensees.
( ) ein See in Bayern.
( ) ein See in der Schweiz.

Der **Viktoriasee**

( ) ist der größte Süßwassersee Afrikas.
( ) liegt in Kanada.
( ) ist 110 Meter tief.

Der **Walchensee** ist

( ) ein Alpensee in Oberbayern.
( ) ein See im Allgäu.
( ) ein Kratersee in der Eifel.

Der **Winnipegsee** liegt in

( ) Alaska.
( ) Kanada.
( ) Michigan.

Das **Zwischenahner Meer** liegt

( ) im Ammerland.
( ) in Ostfriesland.
( ) in Mecklenburg.

Inseln und Halbinseln

Auch hier empfiehlt es sich, geeignete Übersichtskarten hinzuzuziehen.

Die Insel **Ameland** gehört zu den

( ) Nordfriesischen Inseln.
( ) Ostfriesischen Inseln.
( ) Westfriesischen Inseln.

Die Insel **Amrum** gehört zu den

( ) Nordfriesischen Inseln.
( ) Ostfriesischen Inseln.
( ) Westfriesischen Inseln.

Die **Azoren** liegen

( ) im Atlantischen Ozean.
( ) im östlichen Mittelmeer.
( ) im westlichen Mittelmeer.

Die Insel **Baltrum** gehört zu den

( ) Nordfriesischen Inseln.
( ) Ostfriesischen Inseln.
( ) Westfriesischen Inseln.

Borkum

( ) ist die größte der Ostfriesischen Inseln.
( ) ist die kleinste der Ostfriesischen Inseln.
( ) ist die östlichste der Ostfriesischen Inseln.

Cornwall

( ) ist eine Halbinsel im Südwesten Englands.
( ) ist eine irische Halbinsel.
( ) ist eine schottische Insel.

Elba ist eine Insel

( ) im Schwarzen Meer.
( ) im Mittelmeer.
( ) in der Ostsee.

Zu welchem Staat gehören die **Färöer-Inseln?**

( ) Zu Dänemark
( ) Zu Island
( ) Zu Norwegen

Fehmarn

( ) ist eine dänische Ostseeinsel.
( ) ist eine deutsche Ostseeinsel.
( ) gehört zu den Nordfriesischen Inseln.

Die **Fidschi-Inseln** sind eine Inselgruppe im

( ) Atlantischen Ozean.
( ) Indischen Ozean.
( ) Pazifischen Ozean.

Gotland ist

( ) eine dänische Insel.
( ) eine finnische Insel.
( ) eine schwedische Insel.

Wie heißt die **größte deutsche Insel?**

( ) Fehmarn
( ) Rügen
( ) Westerland

Hela

( ) ist eine Halbinsel im Stettiner Haff.
( ) ist eine Halbinsel in der Danziger Bucht.
( ) ist eine Insel in der Pommerschen Bucht.

Ibiza ist eine

( ) italienische Insel.
( ) portugiesische Insel.
( ) spanische Insel.

Island liegt

( ) nördlich des nördlichen Polarkreises.
( ) südlich des nördlichen Polarkreises.
( ) beiderseits des nördlichen Polarkreises.

Die **Insel Sardinien**

( ) gehört zu Frankreich.
( ) gehört zu Italien.
( ) liegt nördlich von Korsika.

Zu welcher Inselgruppe gehört die Insel **Jersey?**

( ) Zu den Hebriden
( ) Zu den Kanalinseln
( ) Zu den Orkney-Inseln

Juist ist eine der

( ) Nordfriesischen Inseln.
( ) Ostfriesischen Inseln.
( ) Westfriesischen Inseln.

Kola ist eine

( ) litauische Ostseeinsel.
( ) dänische Insel.
( ) russische Halbinsel.

Die Insel **Korsika** gehört zu

( ) Frankreich.
( ) Italien.
( ) Spanien.

Madeira ist eine

( ) portugiesische Insel im Atlantischen Ozean.
( ) spanische Insel im Golf von Biskaya.
( ) spanische Insel in den Balearen.

Die Insel **Malta** liegt

( ) östlich von Sizilien.
( ) südlich von Sizilien.
( ) westlich von Sizilien.

Die **Orkney-Inseln** sind eine Inselgruppe

( ) im Atlantischen Ozean.
( ) in der Irischen See.
( ) vor der Nordspitze Schottlands.

Wie viele **Ostfriesische Inseln** gibt es?

( ) Fünf
( ) Sechs
( ) Sieben

Pellworm gehört zu den

( ) Nordfriesischen Inseln.
( ) Ostfriesischen Inseln.
( ) Westfriesischen Inseln.

Reichenau ist eine

( ) Insel in Mecklenburg.
( ) Halbinsel im Bodensee.
( ) Insel im Bodensee.

Sardinien gehört zu

( ) Frankreich.
( ) Italien.
( ) Spanien.

Seeland ist eine

( ) dänische Insel.
( ) deutsche Insel.
( ) norwegische Insel.

Die **Shetlandinseln**

( ) liegen nördlich des Polarkreises.
( ) sind eine irische Inselgruppe.
( ) sind eine schottische Inselgruppe.

Texel gehört zu den

( ) Nordfriesischen Inseln.
( ) Ostfriesischen Inseln.
( ) Westfriesischen Inseln.

Usedom ist eine Insel

( ) im Odermündungsbereich.
( ) in der Danziger Bucht.
( ) in der Lübecker Bucht.

Wangerooge

( ) ist die westlichste der Ostfriesischen Inseln.
( ) ist die östlichste der Ostfriesischen Inseln.
( ) liegt zwischen Borkum und Juist.

Zypern ist die

( ) größte Insel des Mittelmeers.
( ) zweitgrößte Insel des Mittelmeers.
( ) drittgrößte Insel des Mittelmeers.

Deutsche Gebirge, Berge und Erhebungen

Auch hier ist es empfehlenswert, geeignete Übersichtskarten hinzuzuziehen.

Der **Brocken** ist

( ) 1042 Meter hoch.
( ) 1142 Meter hoch.
( ) 1242 Meter hoch.

Der **Deister** ist ein Höhenzug

( ) nördlich von Hannover.
( ) östlich von Hannover.
( ) südwestlich von Hannover.

Der **Feldberg** ist

( ) der höchste Berg des Erzgebirges.
( ) der höchste des Schwarzwalds.
( ) der höchste deutsche Berg.

Der **Große Arber** ist der höchste Berg im

( ) Bayerischen Wald.
( ) im Böhmerwald.
( ) Thüringer Wald.

Der **Große Beerberg** ist der höchste Berg des

( ) Erzgebirges.
( ) Fichtelgebirges.
( ) Thüringer Waldes.

Die **Hohe Acht** ist der höchste Berg

( ) der Eifel.
( ) des Odenwalds.
( ) des Taunus.

Der **Hunsrück** liegt zwischen

( ) der Ahr und der Mosel.
( ) der Lahn und dem Main.
( ) der Mosel und der Nahe.

Der **Kaiserstuhl** liegt in

( ) Baden-Württemberg.
( ) Bayern.
( ) Rheinland-Pfalz.

Der **Kyffhäuser** liegt in

( ) Hessen.
( ) in Rheinland-Pfalz.
( ) in Thüringen.

Die **Wasserkuppe** ist die höchste Erhebung

( ) im Spessart.
( ) im Weserbergland.
( ) in der Rhön.

Der **Watzmann** ist der höchste Berg

( ) im Odenwald.
( ) in den Allgäuer Alpen.
( ) in den Berchtesgadener Alpen.

Das **Weserbergland** liegt

( ) beiderseits der oberen Weser.
( ) links der oberen Weser.
( ) rechts der oberen Weser.

Der **Wilseder Berg** liegt

( ) im Erzgebirge.
( ) im Harz.
( ) in der Lüneburger Heide.

Die **Zugspitze** ist

( ) 2362 Meter hoch.
( ) 2662 Meter hoch.
( ) 2962 Meter hoch.

Bekannte Persönlichkeiten, von A bis Z

In einem Konversationslexikon werden Sie schnell fündig oder Sie googeln sich zielführend schlau.

Abraham Lincoln

( ) war der erste Präsident der USA.
( ) hob 1859 die Sklaverei auf.
( ) wurde im Jahr 1865 ermordet.

Alfred Nobel war ein

( ) dänischer Physiker.
( ) norwegischer Polarforscher.
( ) schwedischer Chemiker.

Agatha Christie

( ) verfasste das Drama *Der Mord auf dem Marktplatz.*
( ) verfasste den Kriminalroman *Die Mausefalle.*
( ) wurde durch ihre Kriminalromane weltbekannt.

Albert Einstein wurde in

( ) Salzburg geboren.
( ) Straßburg geboren.
( ) Ulm geboren.

Albert Lortzing

( ) komponierte die Oper *Carmen.*
( ) komponierte die Oper *Salome.*
( ) komponierte die Oper *Zar und Zimmermann.*

Albrecht Dürer ist ein

( ) belgischer Maler.
( ) deutscher Maler.
( ) niederländischer Maler.

Alexander Puschkin ist ein russischer

( ) Dichter.
( ) Komponist.
( ) Pianist.

Alexander von Humboldt ist ein deutscher

( ) Naturforscher.
( ) Philosoph.
( ) Schriftsteller.

Alice Schwarzer

( ) gründete die feministische Zeitschrift *Emma.*
( ) ist eine deutsche Dressurreiterin.
( ) ist eine weltbekannte Pianistin.

Anne-Sophie Mutter ist

( ) eine weltberühmte Dirigentin.
( ) eine weltberühmte Geigerin.
( ) eine weltberühmte Pianistin.

Aristoteles ist

( ) ein griechischer Fußballnationalspieler.
( ) ein griechischer Reeder.
( ) ein griechischer Philosoph.

Arp Schnitger ist

( ) ein österreichischer Geigenbauer.
( ) ein deutscher Architekt.
( ) ein norddeutscher Orgelbauer.

Arturo Toscanini ist ein

( ) italienischer Cellist.
( ) italienischer Dirigent.
( ) italienischer Pianist.

Astrid Lindgren ist eine

( ) dänische Kinderbuchautorin.
( ) norwegische Kinderbuchautorin.
( ) schwedische Kinderbuchautorin.

Der **Baron von Münchhausen**

( ) wurde in Einbeck geboren.
( ) wurde in Celle geboren.
( ) wurde in Bodenwerder geboren.

Bettina von Arnim ist eine

( ) deutsche Dressurreiterin.
( ) deutsche Schriftstellerin.
( ) österreichische Pianistin.

Boris Herrmann ist ein erfolgreicher

( ) Dressurreiter.
( ) Segelsportler.
( ) Tennisspieler.

Boris Pasternak

( ) erhielt den Friedensnobelpreis.
( ) erhielt den Nobelpreis für Literatur.
( ) ist ein russischer Komponist.

Brigitte Bardot ist eine französische

( ) Chansonsängerin.
( ) Filmschauspielerin.
( ) Violinistin.

Charles Aznavour

(   ) gewann 1989 die Tour de France.
(   ) gewann 2001 die Tour de France.
(   ) ist ein französischer Schauspieler und Sänger.

Charles Dickens schrieb den Roman

(   ) *Jane Eyre.*
(   ) *Oliver Twist.*
(   ) *Stolz und Vorurteil.*

Christian Wulf

(   ) war niedersächsischer Ministerpräsident.
(   ) wurde in Oldenburg geboren.
(   ) wurde in Goslar geboren.

Christoph Kolumbus

(   ) wurde in Genua geboren.
(   ) wurde in Lissabon geboren.
(   ) wurde in Madrid geboren.

Coco Chanel ist eine

(   ) französische Chansonsängerin.
(   ) französische Modeschöpferin.
(   ) französische Schauspielerin.

Doris Lessing

( ) hat den Nobelpreis für Literatur gewonnen.
( ) hat den Nobelpreis für Physik gewonnen.
( ) ist eine amerikanische Schriftstellerin.

Edith Piaf ist eine

( ) belgische Schriftstellerin.
( ) französische Chansonsängerin.
( ) französische Schriftstellerin.

Edvard Grieg ist ein

( ) finnischer Komponist.
( ) norwegischer Komponist.
( ) schwedischer Komponist.

Edvard Munch

( ) ist ein norwegischer Maler.
( ) ist ein niederländischer Maler.
( ) ist ein dänischer Maler.

Enrico Caruso

( ) ist ein italienischer Dirigent.
( ) ist ein italienischer Pianist.
( ) ist ein italienischer Sänger.

Erich Maria Remarque

( ) wurde in Einbeck geboren.
( ) schrieb den Roman *Im Westen nichts Neues.*
( ) ist ein bekannter Dirigent.

Federico Fellini ist ein

( ) italienischer Dirigent.
( ) italienischer Filmregisseur.
( ) italienischer Komponist.

Franzisco Pizarro

( ) eroberte das Inkareich.
( ) ist ein peruanischer Fußballnationalspieler.
( ) ist ein spanischer Komponist.

Franz-Joseph Strauß ist

( ) ein deutscher Komponist.
( ) ein österreichischer Komponist.
( ) ein Mitbegründer der CSU.

Franz Liszt ist ein

( ) deutscher Komponist.
( ) österreichischer Komponist.
( ) ungarischer Komponist.

Friedrich von Schiller wurde in

( ) Frankfurt geboren.
( ) Marbach am Neckar geboren.
( ) Weimar geboren.

Wann wurde **Gaius Julius Caesar** ermordet?

( ) 55 v. Chr.
( ) 44 v. Chr.
( ) 33 v. Chr.

Galileo Galilei ist ein

( ) argentinischer Schriftsteller.
( ) spanischer Fußballtrainer.
( ) italienischer Mathematiker und Philosoph.

George Gershwin komponierte die Oper

( ) *Porgy und Bess.*
( ) *Romeo und Julia.*
( ) *Tristan und Isolde.*

Georges Bizet

( ) komponierte die Oper *Carmen.*
( ) komponierte die Oper *Der Liebestrank.*
( ) komponierte die Oper *Norma.*

Giacomo Puccini

( ) komponierte die Oper *Samson und Dalila.*
( ) komponierte die Oper *Mona Lisa.*
( ) komponierte die Oper *Tosca.*

Gioachino Rossini

( ) komponierte die Oper *Der Barbier von Sevilla.*
( ) komponierte die Oper *Der Bajazzo.*
( ) komponierte die Oper *Pique Dame.*

Gottfried Wilhelm Leibnitz

( ) wurde in Hannover geboren.
( ) ist ein deutscher Philosoph und Mathematiker.
( ) ist ein Keksfabrikant.

Greta Garbo ist eine

( ) dänische Filmschauspielerin.
( ) norwegische Filmschauspielerin.
( ) schwedische Filmschauspielerin.

Guiseppe Verdi komponierte die Oper

( ) *Aida.*
( ) *Martha.*
( ) *Salome.*

Gustav Mahler ist ein

( ) deutscher Komponist.
( ) österreichischer Komponist.
( ) ungarischer Komponist.

Hans-Christian Andersen ist ein

( ) dänischer Schriftsteller.
( ) deutscher Schriftsteller.
( ) österreichischer Pianist.

Hein ten Hoff war ein erfolgreicher

( ) Dressurreiter.
( ) Schwergewichtsboxer.
( ) Springreiter.

Henrik Ibsen ist ein

( ) schwedischer Komponist.
( ) norwegischer Dirigent.
( ) norwegischer Dramatiker.

Henry Purcell ist

( ) ein britischer Komponist.
( ) ein britischer Philosoph.
( ) ein irischer Dichter.

Hermann Bahlsen war ein

( ) niedersächsischer Ministerpräsident.
( ) Olympiasieger im Zehnkampf.
( ) Keksfabrikant.

Immanuel Kant ist ein deutscher

( ) Astronom.
( ) Komponist.
( ) Philosoph.

Jan Ullrich gewann die Tour de France im Jahr

( ) 1992.
( ) 1997.
( ) 2002.

Jean-Jacques Rousseau ist ein französischer

( ) Komponist.
( ) Maler.
( ) Schriftsteller und Philosoph.

Johannes Gutenberg ist ein

( ) deutscher Erfinder.
( ) deutscher Dichter.
( ) deutscher Philosoph.

Jossif Stalin starb

( ) 1953.
( ) 1956.
( ) 1959.

Juri Gagarin ist

( ) ein russischer Kosmonaut.
( ) ein russischer Pianist.
( ) ein russischer Schriftsteller.

Karl Marx wurde in

( ) Bonn geboren.
( ) Leipzig geboren.
( ) Trier geboren.

Karl May ist

( ) einer der elf Helden von Bern.
( ) ein deutscher Philosoph.
( ) einer der meistgelesenen deutschen Schriftsteller.

Katarina Witt ist eine

( ) Olympiasiegerin im Hochsprung.
( ) zweimalige Olympiasiegerin im Dressurreiten.
( ) zweimalige Olympiasiegerin im Eiskunstlaufen.

Lena Meyer-Landrut

( ) ist eine Bestsellerautorin.
( ) ist eine Fernsehköchin.
( ) siegte beim European Song Contest 2010 in Oslo.

Leo Tolstoi verfasste den Roman

( ) *Krieg und Frieden.*
( ) *Schuld und Sühne.*
( ) *Verbrechen und Strafe.*

Lew Jaschin ist

( ) einer der besten Fußballtorhüter aller Zeiten.
( ) ein russischer Kosmonaut.
( ) ein russischer Schriftsteller.

Liv Ullmann

( ) ist eine dänische Schauspielerin.
( ) ist eine schwedische Schauspielerin.
( ) ist eine norwegische Schauspielerin.

Liza Minnelli ist eine

( ) amerikanische Schauspielerin und Sängerin.
( ) italienische Schauspielerin.
( ) italienische Sopransängerin.

Louis Pasteur ist ein

( ) belgischer Schriftsteller.
( ) französischer Chemiker und Mikrobiologe.
( ) kanadischer Polarforscher.

Ludwig van Beethoven

( ) komponierte die Oper *Fidelio.*
( ) komponierte die Oper *Orpheus.*
( ) komponierte die Oper *Rusalka.*

Maria Callas ist eine

( ) amerikanische Sängerin griechischer Herkunft.
( ) griechische Sängerin.
( ) italienische Sängerin.

Maria Montessori ist

( ) eine italienische Filmschauspielerin.
( ) eine italienische Modeschöpferin.
( ) eine italienische Pädagogin.

Marie Curie

( ) ist eine französische Chansonsängerin.
( ) erhielt den Nobelpreis für Literatur.
( ) erhielt den Nobelpreis für Chemie und Physik.

Martin Luther King

( ) ist ein amerikanischer Pfarrer und Bürgerrechtler.
( ) starb im Gefängnis.
( ) erhielt 1996 den Friedensnobelpreis.

Martha Argerich ist eine weltberühmte

( ) Pianistin.
( ) Sängerin.
( ) Schriftstellerin.

Max Pechstein

( ) ist ein deutscher Komponist.
( ) ist ein deutscher Maler.
( ) ist ein deutscher Pianist.

Max Planck erhielt den

( ) Literaturnobelpreis.
( ) Nobelpreis für Chemie.
( ) Nobelpreis für Physik.

Niccolò Paganini ist ein

( ) italienischer Fußballtrainer.
( ) italienischer Seefahrer.
( ) italienischer Violinist.

Oscar Straus ist

( ) ein bayerischer Politiker.
( ) deutscher Operettenkomponist.
( ) ein österreichischer Operettenkomponist.

Paula Modersohn-Becker ist eine deutsche

( ) Malerin.
( ) Schriftstellerin.
( ) Violinistin.

Paul Schockemöhle war ein erfolgreicher

( ) Fußballtrainer.
( ) Radrennfahrer.
( ) Springreiter.

Pelé

( ) ist ein französisches Gewürz.
( ) ist eine französische Gemüsesuppe.
( ) ist einer der besten Fußballspieler aller Zeiten.

Richard Wagner

( ) komponierte die Oper *Der fliegende Holländer.*
( ) komponierte die Oper *Don Carlos.*
( ) komponierte die Oper *Zar und Zimmermann.*

Roald Amundsen

( ) ist ein schwedischer Polarforscher.
( ) erreichte als Erster den Nordpol.
( ) erreichte als Erster den Südpol.

Robert Koch ist

( ) der Begründer der modernen Bakteriologie.
( ) ein hessischer Politiker.
( ) ein Olympiasieger im Weitsprung.

Selma Lagerlöf

( ) ist eine norwegische Schauspielerin.
( ) ist eine schwedische Schauspielerin.
( ) erhielt den Nobelpreis für Literatur.

Simone de Beauvoir ist eine

( ) belgische Schriftstellerin.
( ) französische Schriftstellerin.
( ) kanadische Schriftstellerin.

Sokrates

( ) ist ein griechischer Philosoph.
( ) war mit Aphrodite verheiratet.
( ) war mit Kleopatra verheiratet.

Sophia Loren ist eine italienische

( ) Filmschauspielerin.
( ) Pianistin.
( ) Sopranistin.

Sven Hedin ist ein

( ) finnischer Dirigent.
( ) norwegischer Polarforscher.
( ) schwedischer Asienforscher.

Thomas Alva Edison ist ein

( ) amerikanischer Erfinder.
( ) englischer Schriftsteller.
( ) kanadischer Polarforscher.

Thomas Reiter ist

( ) ein ehemaliger Astronaut.
( ) ein erfolgreicher Dressurreiter.
( ) ein erfolgreicher Springreiter.

Tina Turner war eine

( ) amerikanische Rocksängerin.
( ) dreifache Wimbledonsiegerin.
( ) irische Schriftstellerin.

Ulf Merbold

( ) ist ein deutscher Tiefseetaucher.
( ) ist ein österreichischer Bergsteiger.
( ) war der erste deutsche Astronaut.

Ulrike Meinhof

( ) ist eine Fernsehmoderatorin.
( ) war eine Olympiasiegerin im Hochsprung.
( ) war eine Linksterroristin.

Valentina Tereschkowa

( ) ist eine mehrfache Wimbledonsiegerin.
( ) ist eine russische Balletttänzerin.
( ) war die erste Frau im All.

Bevor **Walter Scheel** Bundespräsident wurde, war er

( ) Außenminister.
( ) Finanzminister.
( ) Innenminister.

Walther von der Vogelweide war

( ) der bedeutendste deutsche Minnesänger.
( ) ein Raubritter.
( ) Seeräuber.

Werner Heisenberg erhielt den Nobelpreis für

( ) Chemie.
( ) Medizin.
( ) Physik.

Wilhelm Busch ist ein deutscher

( ) Dichter und Zeichner.
( ) Maler.
( ) Komponist.

Wolfgang Amadeus Mozart

( ) komponierte die Oper *Arabella.*
( ) komponierte die Oper *Don Carlos.*
( ) komponierte die Oper *Figaros Hochzeit.*

Woody Allen ist ein amerikanischer

( ) Filmregisseur, Schauspieler und Schriftsteller.
( ) Komponist.
( ) Literaturkritiker.

Xanthippe

( ) ist eine griechische Göttin.
( ) ist die Gattin des Herakles.
( ) ist die angeblich zanksüchtige Gattin des Sokrates.

Yehudi Menuhin ist ein

( ) amerikanischer Pianist.
( ) amerikanischer Violinist.
( ) israelischer Politiker.

Zinédine Zidane ist

( ) einer der besten Fußballspieler aller Zeiten.
( ) ein französischer Chansonsänger.
( ) ein französischer Schriftsteller.

Dies und das, von A bis Z

Die **A 31** verbindet

( ) Emden mit Oldenburg und Bremen.
( ) Emden mit dem Ruhrgebiet.
( ) Emden und Wilhelmshaven.

Das **Ammerland** ist eine Landschaft in

( ) Bayern.
( ) Niedersachsen.
( ) Schleswig-Holstein.

Die **Antarktis**

( ) ist ein Land- und Meeresgebiet um den Südpol.
( ) ist ein Landgebiet am Südpol.
( ) ist eine Eiswüste.

Aphrodite ist

( ) die römische Göttin der Liebe.
( ) die griechische Göttin der Liebe und der Schönheit.
( ) die Gattin des Sophokles.

Arkansas ist

( ) ein Staat im Norden der USA.
( ) ein Staat im Süden der USA.
( ) ein Staat im Westen der USA.

Bacchus ist

( ) der griechische Gott des Weins.
( ) der römische Gott des Weins.
( ) ein italienisches Bier.

Wer schrieb die **Ballade** vom *Erlkönig?*

( ) Friedrich von Schiller
( ) Heinrich Heine
( ) Johann Wolfgang von Goethe

Der **Bosporus** ist

( ) eine Apfelsorte.
( ) eine Meerenge zwischen Europa und Asien.
( ) ein Fluss in der Türkei.

Die **Bouillabaisse** ist eine

( ) klare Fleischbrühe.
( ) französische Gemüsesuppe.
( ) provenzalische Fischsuppe.

Der **Brocken** ist

( ) der höchste Berg Niedersachsens.
( ) 1042 Meter hoch.
( ) der höchste Berg des Harzes.

Die erste **Bundesgartenschau** fand

( ) 1951 in Hannover statt.
( ) 1953 in Nürnberg statt.
( ) 1955 in Wiesbaden statt.

Das **Burgenland** ist

( ) ein Bundesland Österreichs.
( ) eine Landschaft in Bayern.
( ) eine Landschaft in der Schweiz.

Der Spatz von Paris ist der Beiname der **Chansonette**

( ) Edith Piaf.
( ) Juliette Gréco.
( ) Mireille Mathieu.

Wo befindet sich die **Carl von Ossietzky Universität?**

( ) In Marburg
( ) In Oldenburg
( ) In Tübingen

Die **diamantene Hochzeit** feiert man nach

( ) 50 Jahren.
( ) 60 Jahren.
( ) 75 Jahren.

Der **Dortmund-Ems-Kanal**

( ) verläuft in Nord-Süd-Richtung.
( ) verläuft in West-Ost-Richtung.
( ) wurde 1907 eröffnet.

Wer verfasste das **Drama** *Nathan der Weise?*

( ) Friedrich von Schiller
( ) Gottfried Ephraim Lessing
( ) Heinrich Kleist

Wo liegt das **Emmental?**

( ) Im Schwarzwald
( ) In Bayern
( ) In der Schweiz

Es gibt eine **Fährverbindung** zwischen Bensersiel

( ) und Langeoog.
( ) und Norderney.
( ) und Spiekeroog.

Es gibt eine **Fährverbindung** zwischen Emden

( ) und Baltrum.
( ) und Borkum.
( ) und Juist.

Es gibt eine **Fährverbindung** zwischen Harlesiel

( ) und Langeoog.
( ) und Spiekeroog.
( ) und Wangerooge.

Es gibt eine **Fährverbindung** zwischen Neuharlingersiel

( ) und Langeoog.
( ) und Spiekeroog.
( ) und Wangerooge.

Es gibt eine **Fährverbindung** zwischen Norddeich-Mole

( ) und Juist.
( ) und Langeoog.
( ) und Spiekeroog.

Welche **Flagge** ist blau mit einem gelben Kreuz?

( ) Die von Litauen
( ) Die von Schweden
( ) Die der Ukraine

Die **Frauenkirche** ist das Wahrzeichen von

( ) Dresden.
( ) München.
( ) Ulm.

Welches Land wurde 1930 **Fußballweltmeister?**

( ) Argentinien
( ) Brasilien
( ) Uruguay

Welches Land wurde 1934 **Fußballweltmeister?**

( ) Brasilien
( ) Italien
( ) Uruguay

Welches Land wurde 1950 **Fußballweltmeister?**

( ) Brasilien
( ) Italien
( ) Uruguay

Welches Land wurde 1958 **Fußballweltmeister?**

( ) Argentinien
( ) Brasilien
( ) Deutschland

Welches Land wurde 1966 **Fußballweltmeister?**

( ) Argentinien
( ) Deutschland
( ) England

Welches Land wurde 1974 **Fußballweltmeister?**

( ) Deutschland
( ) Frankreich
( ) Niederlande

Welches Land wurde 1982 **Fußballweltmeister?**

( ) Deutschland
( ) Italien
( ) Niederlande

Welches Land wurde 1990 **Fußballweltmeister?**

( ) Argentinien
( ) Deutschland
( ) Italien

Welches Land wurde 1998 **Fußballweltmeister?**

( ) Brasilien
( ) Frankreich
( ) Spanien

Welches Land wurde 2014 **Fußballweltmeister?**

( ) Argentinien
( ) Deutschland
( ) Frankreich

Welches Land wurde 2022 **Fußballweltmeister?**

( ) Argentinien
( ) Frankreich
( ) Spanien

Gin ist ein

( ) Anisbranntwein.
( ) Wacholderbranntwein.
( ) Apfelwein.

Graubünden ist

( ) der östlichste Kanton der Schweiz.
( ) der südlichste Kanton der Schweiz.
( ) der westlichste Kanton der Schweiz.

Welches Land hat das Autokennzeichen **H?**

( ) Haiti
( ) Honduras
( ) Ungarn

Wie hieß der erste **Hund** im Weltall?

( ) Bello
( ) Laika
( ) Rex

Iowa ist ein Staat im

( ) Mittelwesten der USA.
( ) im Westen der USA.
( ) im Süden der USA.

Jütland ist

( ) der zum Festland gehörende Teil Dänemarks.
( ) eine dänische Insel.
( ) eine schwedische Insel.

Kalziumsulfat ist

( ) Gips.
( ) Salz.
( ) Zement.

Wer schrieb das **Klavierstück** *Für Elise?*

( ) Bach
( ) Beethoven
( ) Mozart

Wer schrieb den Roman ***Krieg und Frieden?***

( ) Fjodor Michailowitsch Dostojewski
( ) Lew Nikolajewitsch Graf Tolstoi
( ) Nikolai Wassiljewitsch Gogol

Was ist ein **Krakowiak?**

( ) Ein polnischer Tanz
( ) Ein polnischer Wodka
( ) Ein ukrainischer Obstler

Kruiden ist

( ) ein Ostfriesischer Tee.
( ) eine Salzwiesenpflanze.
( ) ein Magenbitter.

Die **Lombardei** ist

( ) eine Landschaft in Oberitalien.
( ) ein Fluss in Italien.
( ) ein österreichischer Bundesstaat.

Ein **Mensch,** der viel Erfahrung hat, ist ein alter

( ) Hase.
( ) Esel.
( ) Löwe.

Der **Montmartre** ist

( ) 824 Meter hoch.
( ) das Vergnügungsviertel von Paris.
( ) ein Bahnhof in Paris.

Die Klosterinsel **Mont-Saint-Michel** liegt in

( ) der Bretagne.
( ) der Normandie.
( ) der Provence.

Indische Mungos sind

( ) Pilze.
( ) Raubtiere.
( ) Trommeln.

Niedersachsen ist flächenmäßig das

( ) größte Bundesland.
( ) zweitgrößte Bundesland.
( ) drittgrößte Bundesland.

Welche Frau erhielt zweimal den **Nobelpreis?**

( ) Doris Lessing
( ) Marie Curie
( ) Mutter Teresa

Die ersten **Olympischen Spiele** der Neuzeit wurden

( ) in Athen abgehalten.
( ) in Paris abgehalten.
( ) in Rom abgehalten.

Wo fanden die **Olympischen Winterspiele** 1956 statt?

( ) In Cortina d 'Ampezzo
( ) In Innsbruck
( ) In Oslo

Wer komponierte die **Oper** *Cosi fan tutte?*

( ) Antonio Vivaldi
( ) Claudio Monteverdi
( ) Wolfgang Amadeus Mozart

Wer komponierte die **Operette** *Die Fledermaus?*

( ) Johann Strauß Sohn
( ) Johann Strauß Vater
( ) Richard Strauss

Wer komponierte die **Operette** *Ein Walzertraum?*

( ) Johann Strauß Sohn
( ) Oscar Straus
( ) Richard Strauss

Paul Bocuse ist

(   ) der Schöpfer der neuen französischen Küche.
(   ) ein französischer Maler.
(   ) ein französischer Chansonsänger.

Die **Piazza de San Marco** befindet sich in

(   ) Florenz.
(   ) Neapel.
(   ) Venedig.

Pierre de Coubertin

(   ) führte die Olympischen Spiele der Neuzeit ein.
(   ) ist ein französischer Modeschöpfer.
(   ) ist ein französischer Schriftsteller.

Polenta ist

(   ) eine Essensbeilage aus Maisbrei.
(   ) eine Hühnerrasse.
(   ) eine Stadt in Spanien.

Der **Prater** ist

(   ) der Wiener Vergnügungspark.
(   ) ein Berg im Engadin.
(   ) ein Vulkan in Italien.

Die **Porta Nigra** befindet sich in

( ) Mainz.
( ) Rom.
( ) Trier.

Die **Puszta**

( ) ist eine große Tiefebene in Ungarn.
( ) ist eine Landschaft in Rumänien.
( ) ist eine ungarische Gemüsesuppe.

Das **Quartier Latin** ist das

( ) Studentenviertel von Paris.
( ) Vergnügungsviertel von Paris.
( ) Vergnügungsviertel von Rom.

Raumfahrer sind in China

( ) Argonauten.
( ) Kosmonauten.
( ) Taikonauten.

Der **Riesling** ist

( ) ein Fluss in Österreich.
( ) ein Fluss in der Schweiz.
( ) eine Rebsorte.

Wer schrieb den **Roman** *Die Brüder Karamazow?*

( ) Alexander Pushkin
( ) Fjodor Dostojewski
( ) Michail Lermontow

Wer schrieb den **Roman** *Schöne Neue Welt?*

( ) Aldous Huxley
( ) George Orwell
( ) Graham Greene

Roquefortkäse wird aus

( ) Kuhmilch hergestellt.
( ) Schafsmilch hergestellt.
( ) Ziegenmilch hergestellt.

Wann fand die **Schlacht bei Hastings** statt?

( ) 1066
( ) 1167
( ) 1266

Die **Soljanka** ist eine

( ) Landschaft in Rumänien.
( ) Landschaft in der Ukraine.
( ) säuerlich-scharfe osteuropäische Fleischsuppe.

Das **Statistische Bundesamt** befindet sich in

( ) Bonn.
( ) München.
( ) Wiesbaden.

Die **Tante** von Harry Potter heißt

( ) Gerania.
( ) Petunia.
( ) Rosalia.

Tullamore Dew ist

( ) eine amerikanische Whiskeysorte.
( ) eine irische Whiskeysorte.
( ) eine schottische Whiskeysorte.

Utah ist

( ) ein See in den USA.
( ) ein Staat in den USA.
( ) eine Stadt in den USA.

Virginia ist ein Staat im

( ) Norden der USA.
( ) Osten der USA.
( ) Süden der USA.

Der **Yellowstone Nationalpark** liegt in

( ) Arizona.
( ) Kalifornien.
( ) Wyoming.

Zell liegt

( ) am Main.
( ) am Neckar.
( ) an der Mosel.

Wer verfasste den **Zukunftsroman** *1984?*

( ) Aldous Huxley
( ) George Orwell
( ) Graham Greene

Zyklone sind

( ) Hochdruckgebiete.
( ) Tiefdruckgebiete.
( ) Westwinde.

Lösungen

Wenn Sie die Lösungen dauerhaft und nachhaltig in Ihrem **Langzeitgedächtnis** verankern möchten, prägen Sie sich die richtigen Lösungen jetzt bitte ein. Dann sind sie aber erst in Ihrem **Kurzzeitgedächtnis** gespeichert. Nach einigen Tagen haben Sie leider vieles wieder vergessen. Deshalb empfiehlt es sich, das jeweils Neugelernte nach einer Woche **wiederholend** zu **befestigen,** und nach einem Monat nochmals.

Aufwärmtraining

Die **Camargue** ist eine französische Landschaft.
Es gibt eine **Fährverbindung** zwischen Norddeich-Mole und Juist.

Länder

Ägypten hat derzeit etwa 102 Millionen Einwohner.
Andorra ist ein Fürstentum.
Argentinien wurde 2022 Fußballweltmeister.
Australien liegt südlich des Äquators.

Belarus ist ein Binnenland.
Belgien ist ein Königreich.
Bolivien ist ein Binnenland.
Brasilien liegt beiderseits des Äquators.
Bulgarien ist Mitglied der EU und der NATO.

Die Hauptstadt von **Chile** ist Santiago.
China hat etwa 1,4 Milliarden Einwohner.
Costa Rica ist ein zentralamerikanisches Land.

Dänemark hat etwa 6 Millionen Einwohner.
Deutschland hat etwa 84 Millionen Einwohner.

Ecuador liegt beiderseits des Äquators.
Estland ist der nördlichste der drei baltischen Staaten.

Finnland hat etwa 5,5 Millionen Einwohner.
Frankreich besteht aus 18 Regionen.

Ghana hat etwa 32 Millionen Einwohner.
Griechenland wurde 2004 Fußballeuropameister.
Der Staat **Großbritannien und Nordirland** hat das Autokennzeichen GB.
Guatemala ist ein Staat in Mittelamerika.

Haiti ist eine ehemalige französische Kolonie.
Indien grenzt im Nordwesten an Pakistan.
Der **Iran** grenzt im Norden an Turkmenistan.
Irland ist eine parlamentarische Demokratie.
Island hat etwa 370 000 Einwohner.
Israel grenzt im Osten an Syrien und Jordanien.
Italien hat etwa 60 Millionen Einwohner.

Jamaika liegt südlich von Kuba.
Japan hat das Autokennzeichen J.

Kamerun hat etwa 27 Millionen Einwohner.
Kanada hat etwa 38 Millionen Einwohner.
Kasachstan ist ein Nachfolgestaat der Sowjetunion.
Katar liegt am Persischen Golf.
Kenia liegt beiderseits des Äquators.
Kroatien entstand 1990 durch den Zerfall Jugoslawiens.

Lettland liegt südlich von Estland.
Der **Libanon** grenzt im Süden an Israel.
Libyen hat etwa 7 Millionen Einwohner.
Liechtenstein ist ein Steuerparadies.
Litauen ist der südlichste der drei baltischen Staaten.
Luxemburg liegt zwischen Belgien, Deutschland und Frankreich.

Madagaskar hat etwa 28 Millionen Einwohner.
Malawi ist ein afrikanisches Binnenland.
Malaysia ist ein Land in Südostasien.

Mali ist ein afrikanisches Binnenland.
Marokko hat etwa 37 Millionen Einwohner.
Mexiko grenzt im Norden an die USA.
Die **Mongolei** liegt zwischen Russland und China.
Montenegro ist ein schwer zugängliches Bergland an der Adria.

Namibia grenzt im Westen an den Atlantik.
Nepal grenzt im Norden an China.
Wellington ist die Hauptstadt von **Neuseeland.**

Die **Niederlande** sind ein Königreich.
Die Hauptstadt von **Nigeria** ist Nairobi.
Nordmazedonien hat das Autokennzeichen NMK.
Norwegen ist ein Königreich.

Österreich hat etwa 9 Millionen Einwohner.

Pakistan grenzt im Westen an den Iran.
Peru grenzt im Norden an Ecuador und Kolumbien.
Polen grenzt im Süden an Tschechien und die Slowakei.
Portugal hat das Autokennzeichen P.

Rumänien grenzt im Norden an die Ukraine.
Russland ist flächenmäßig fast doppelt so groß wie die USA.

San Marino ist die kleinste Republik Europas.
Saudi-Arabien grenzt im Süden an Jemen und den Oman.
Schweden ist flächenmäßig größer als Deutschland.
Die **Schweiz** ist eine föderale Republik.
Serbien grenzt im Norden an Ungarn.

Singapur grenzt im Norden an Malaysia.
Die **Slowakei** grenzt im Osten an die Ukraine.
Slowenien grenzt im Norden an Österreich.
Spanien ist ein Königreich.
Der **Sudan** ist eine Republik in Nordostafrika.
Syrien grenzt im Norden an die Türkei.

Die Hauptstadt von **Taiwan** ist Taipeh.
Die Hauptstadt von **Thailand** ist Bangkok.

Togo hat etwa 8.4 Millionen Einwohner.
Tschechien grenzt im Nordosten an Polen.
Tunesien grenzt im Westen an Algerien.
Die **Türkei** hat etwa 85 Millionen Einwohner.

Die **Ukraine** ist flächenmäßig größer als Polen.
Ungarn hat das Autokennzeichen H.

Vatikanstadt ist im Herzen Roms gelegen.
Die Hauptstadt von **Venezuela** ist Caracas.
Zypern ist zweigeteilt.

Städte

Aachen ist eine Stadt in Nordrhein-Westfalen.
Aberdeen ist eine Stadt in Schottland.
Addis Abeba ist die Hauptstadt von Äthiopien.
Ajaccio ist die Hauptstadt der Insel Korsika.
Amsterdam ist die Hauptstadt der Niederlande.
Ankara liegt in Inneranatolien.
Astrachan ist eine russische Hafenstadt am Schwarzen Meer.

Baltimore ist eine Großstadt im amerikanischen Staat Maryland.
Barcelona ist eine spanische Hafenstadt am Mittelmeer.
In **Basel** kann man im Rhein schwimmen.
Belfast ist eine Stadt in Nordirland.
Berlin wird von der Spree durchflossen.
Boston ist die Hauptstadt von Massachusetts.
Die Donau fließt durch **Budapest.**

Calgary ist eine Stadt in Kanada.
Cardiff ist die Hauptstadt von Wales.
Celle liegt an der Aller.
Charkiw ist eine Gebietshauptstadt in der Ukraine.
Cherbourg ist eine französische Hafenstadt.
Córdoba ist eine spanische Provinzhauptstadt.

Damaskus ist die Hauptstadt Syriens.
Denver ist die Hauptstadt des amerikanischen Staates Colorado.

Dresden ist die Landeshauptstadt von Sachsen.

Eindhoven ist eine niederländische Industriestadt.
Eisenach ist eine Stadt in Thüringen.
Emmerich ist eine Stadt in Nordrhein-Westfalen.
Erfurt ist die Landeshauptstadt von Thüringen.

Fort Lauderdale ist eine Stadt in Florida.
Friedrichshafen liegt am Bodensee.
Fulda ist eine Stadt in Hessen.
Fürth ist eine Stadt in Franken.

Galway ist eine irische Hafenstadt.
Glasgow ist die größte Stadt Schottlands.
Görlitz liegt an der Neiße.
Göteborg liegt am Kattegat.
Göttingen liegt an der Leine.
Greifswald ist eine Stadt in Mecklenburg-Vorpommern.
Zürich ist die **größte Stadt der Schweiz.**

Halifax ist eine Stadt im nördlichen England.
Die **Hauptstadt der Schweiz** ist Bern.
Die **Hauptstadt des Libanon** ist Beirut.
Die **Hauptstadt des Senegals** ist Conakry.
Die **Hauptstadt Libyens** ist Tripolis.
Die **Hauptstadt von Bulgarien** ist Sofia.
Die **Hauptstadt von Jordanien** heißt Amman.
Die **Hauptstadt von Kanada** heißt Ottawa.
Die **Hauptstadt von Kenia** heißt Nairobi.

Die **Hauptstadt von Kuba** ist Havanna.
Die **Hauptstadt von Marokko** ist Rabat.
Die **Hauptstadt von Massachusetts** ist Boston.
Die **Hauptstadt von Michigan** ist Lansing.
Die **Hauptstadt von Nicaragua** ist Managua.
Die **Hauptstadt von Uruguay** ist Montevideo.
Hull ist eine englische Hafenstadt.

Idar-Oberstein liegt an der Nahe.
Ingolstadt liegt an der Donau.
Izmir hieß früher Smyrna.

Jakutsk liegt an der Lena.
Jalta ist ein Kurort auf der Krim.
Jena ist eine Stadt in Thüringen.
Jever ist eine Stadt in Ostfriesland.
Johannesburg wurde als Goldgräberstadt gegründet.
Jurmala ist eine Stadt in Lettland.

Kabul ist die Hauptstadt von Afghanistan.
Khartum ist die Hauptstadt der Republik Sudan.
Kaliningrad hieß früher Königsberg.
Kiew liegt am Dnjepr.
Klaipėda hieß früher Memel.

Leipzig liegt an der Elster und Pleiße.
Lima ist die Hauptstadt von Peru.
Liverpool ist eine Hafenstadt in Westengland.
London wurde von den Römern gegründet.

Mainz ist die Landeshauptstadt von Rheinland-Pfalz.
Magdeburg ist die Landeshauptstadt von Sachsen-Anhalt.
Murmansk ist die Gebietshauptstadt der Halbinsel Kola.

Nairobi ist die Hauptstadt von Kenia.
Newcastle ist eine Hafenstadt an der Ostküste Englands.
Nikosia ist die Hauptstadt von Zypern.
Die **nördlichste Stadt Europas** heißt Hammerfest.
Nottingham ist eine Stadt im mittleren England.
Nowosibirsk liegt am Ob.

Oberhof ist eine Stadt im Thüringer Wald.
Oslo ist die Hauptstadt von Norwegen.
Osnabrück ist ein Bischofssitz.

Palermo ist die Hauptstadt von Sizilien.
Montmartre ist das Vergnügungsviertel von **Paris.**
Potsdam ist die Landeshauptstadt von Brandenburg.
Prag liegt an der Moldau.

Quito ist die Hauptstadt von Ecuador.

Rio de Janeiro liegt in der Nähe des Südlichen Wendekreises.
Rom wurde 753 v. Chr. gegründet.

Salzburg ist ein katholischer Bischofssitz.
Sankt Moritz ist ein Kurort und Wintersportort
in der Schweiz.
Sevilla ist eine Stadt in Andalusien.

Timbuktu ist eine Oasenstadt in Mali.
Tirana ist die Hauptstadt von Albanien.
Toledo liegt am Tajo.

Überlingen ist eine Stadt in Baden-Württemberg.

Ufa ist eine russische Stadt.
Uppsala ist eine Stadt in Schweden.
Utrecht ist eine Stadt in den Niederlanden.

Valencia liegt an der Ostküste Spaniens.
Venedig liegt am Adriatischen Meer.
Vilnius ist die Hauptstadt von Litauen.

Warschau liegt an der Weichsel.
Weimar ist eine Stadt in Thüringen.
Windhuk ist die Hauptstadt von Namibia.
Wiesbaden ist die Landeshauptstadt von Hessen.
Wladiwostok ist der Endpunkt der Transsibirischen Eisenbahn.
Wolgograd hieß bis 1961 Stalingrad.

Xanten ist eine Stadt am Niederrhein.
York ist eine Stadt in Ostengland.
Zagreb ist die Hauptstadt Kroatiens.
Zwolle ist eine niederländische Provinzhauptstadt.

Flüsse

Die **Aller** ist ein Nebenfluss der Weser.
Die **Alster** ist ein rechter Nebenfluss der Elbe.
Die **Altmühl** ist ein Nebenfluss der Donau.
Der **Amazonas** ist der längste Strom Südamerikas.
Der **Amur** ist ein Strom in Ostasien.

Der **Brahmaputra** ist etwa 3 000 Kilometer lang.

Der **Dnjepr** ist der drittlängste Fluss Europas.
Der **Don** mündet in das Asowsche Meer.
Die **Donau** ist 2 850 Kilometer lang.

Der **Ebro** ist ein spanischer Fluss, der ins Mittelmeer mündet.
Die **Elbe** ist etwa 1 165 Kilometer lang.
Der **Euphrat** ist der größte Strom Vorderasiens.

Die **Fulda** ist 218 Kilometer lang.

Der **Ganges** ist der heilige Strom der Hindus.
Die **Garonne** entspringt in den Pyrenäen.
Der **Guadalquivir** ist ein Fluss im südlichen Spanien.

Die **Ilmenau** ist ein linker Nebenfluss der Elbe.
Der **Indus** ist der größte Strom des Indischen Subkontinents.
Der **Irtysch** ist ein Nebenfluss des Obs.
Die **Isar** ist ein Nebenfluss der Donau.

Die **Jade** ist ein Küstenfluss in Niedersachsen.
Der **Jangtsekiang** ist der Längste Fluss Asiens.
Der **Jenissei** ist ein Strom in Sibirien.
Der **Jordan** fließt ins Tote Meer.

Der **Kongo** ist der wasserreichste Strom Afrikas.

Die **Lena** mündet in das Nordpolarmeer.
Die **Loire** ist der größte Fluss Frankreichs.

Der **Mackenzie** mündet in das Nordpolarmeer.
Der **Mekong** mündet ins Südchinesische Meer.
Die **Memel** mündet ins Kurische Haff.
Der **Mississippi** mündet in den Golf von Mexiko.
Die **Moldau** ist ein Nebenfluss der Elbe.
Die **Mosel** entspringt in den Vogesen.

Der **Niger** ist der größte Strom Westafrikas.
Der **Nil** ist etwa 6 670 Kilometer lang.

Der **Ob** ist der Hauptstrom Westsibiriens.
Die **Oder** ist ein Fluss in Mitteleuropa.
Der **Ohio** ist ein Nebenfluss des Mississippi.
Der **Orinoko** ist ein Strom in Südamerika.

Der **Po** ist der längste Fluss Italiens.

Der **Rhein** durchfließt den Bodensee.
Der **Rio Grande del Norte** ist ein Fluss im südlichen Teil Nordamerikas.

Der **Sambesi** ist ein Strom im südlichen Afrika.
Die **Seine** mündet bei Le Havre in den Ärmelkanal.
Der **Shannon** ist der längste Fluss Irlands.

Rom liegt am **Tiber.**
Der **Tigris** ist ein Fluss in Vorderasien.

Die **Weichsel** mündet in die Danziger Bucht.
Die **Werra** entspringt am Thüringer Wald.
Die **Weser** ist etwa 440 Kilometer lang.
Die **Wolga** mündet mit einem Delta ins Kaspische Meer.

Der **Yukon** mündet in das Beringmeer.

Die **Ziller** ist ein Fluss in Österreich.

Seen

Der **Ammersee** ist ein See in Bayern.
Der **Aralsee** ist ein Salzsee östlich des Kaspischen Meeres.

Der **Baikalsee** ist der tiefste See der Erde.
Der **Balchaschsee** ist ein See in Kasachstan.
Der **Bodensee** ist der tiefste deutsche See.

Der **Chiemsee** ist der größte See Bayerns.

Der **Dümmer** ist der größte See von Niedersachsen.

Der **Eriesee** ist einer der Großen Seen Nordamerikas.

Der **Genfer See** ist der größte Alpensee.

Der **Huronsee** ist einer der fünf Großen Seen Nordamerikas.

Das **Kaspische Meer** ist der größte Binnensee der Erde.

Der **Ladogasee** in Russland ist der größte See Europas.

Der **Lago Maggiore** liegt am Südfuß der Alpen.

Der **Michigansee** ist der südwestlichste der fünf

Der **Neusiedler See** ist ein flacher, abflussloser,
leicht salzhaltiger See.

Der **Obere See** ist der größte Süßwassersee der Erde.
Der **Ontariosee** ist der kleinste der fünf Großen Seen.

Der **Plattensee** liegt in Ungarn.

Der **Ratzeburger See** liegt in Schleswig-Holstein.

Der **Schluchsee** liegt im südlichen Schwarzwald.
Der **Starnberger See** liegt in Bayern.
Das **Steinhuder Meer** ist ein See in Niedersachsen.

Der **Titisee** liegt im Schwarzwald.
Der **Titicacasee** liegt 3 812 Meter über dem Meeresspiegel.

Der **Überlinger See** ist der nordwestlichste Ausläufer des Bodensees.

Der **Viktoriasee** ist der größte Süßwassersee Afrikas.

Der **Walchensee** ist ein Alpensee in Oberbayern.
Der **Winnipegsee** liegt in Kanada.

Das **Zwischenahner Meer** liegt im Ammerland.

Inseln und Halbinseln

Die Insel **Ameland** gehört zu den Westfriesischen Inseln.
Die Insel **Amrum** gehört zu den Nordfriesischen Inseln.
Die **Azoren** liegen im Atlantischen Ozean.

Die Insel **Baltrum** gehört zu den Ostfriesischen Inseln.
Borkum ist die größte der Ostfriesischen Inseln.

Cornwall ist eine Halbinsel im Südwesten Englands.

Elba ist eine Insel im Mittelmeer.

Die **Färöer-Inseln** gehören zu Dänemark.
Fehmarn ist eine deutsche Ostseeinsel.
Die **Fidschi-Inseln** sind eine Inselgruppe im Pazifischen Ozean.

Gotland ist eine schwedische Insel.
Rügen ist die **größte deutsche Insel.**
Hela ist eine Halbinsel in der Danziger Bucht.

Ibiza ist eine spanische Insel.
Island liegt südlich des nördlichen Polarkreises.
Die **Insel Sardinien** gehört zu Italien.

Die Insel **Jersey** gehört zu den Kanalinseln.
Juist ist eine der Ostfriesischen Inseln.

Kola ist eine russische Halbinsel.
Die Insel **Korsika** gehört zu Frankreich.

Madeira ist eine portugiesische Insel im Atlantischen Ozean.
Die Insel **Malta** liegt südlich von Sizilien.

Die **Orkney-Inseln** sind eine Inselgruppe vor der Nordspitze Schottlands.
Es gibt sieben **Ostfriesische Inseln.**

Pellworm gehört zu den Nordfriesischen Inseln.

Reichenau ist eine Insel im Bodensee.

Sardinien gehört zu Italien.
Seeland ist eine dänische Insel.
Die **Shetlandinseln** sind eine schottische Inselgruppe.

Texel gehört zu den Westfriesischen Inseln.

Usedom ist eine Insel im Odermündungsbereich.

Wangerooge ist die östlichste der Ostfriesischen Inseln.

Zypern ist die drittgrößte Insel des Mittelmeers.

Deutsche Gebirge, Berge und Erhebungen

Der **Brocken** ist 1142 Meter hoch.

Der **Deister** ist ein Höhenzug südwestlich von Hannover.

Der **Feldberg** ist der höchste Berg des Schwarzwalds.

Der **Große Arber** ist der höchste Berg im Bayerischen Wald.
Der **Große Beerberg** ist der höchste Berg des Thüringer Waldes.

Die **Hohe Acht** ist der höchste Berg der Eifel.
Der **Hunsrück** liegt zwischen der Mosel und der Nahe.

Der **Kaiserstuhl** liegt in Baden-Württemberg.
Der **Kyffhäuser** liegt in Thüringen.

Die **Wasserkuppe** ist die höchste Erhebung in der Rhön.
Der **Watzmann** ist der höchste Berg in den Berchtesgadener Alpen.
Das **Weserbergland** liegt beiderseits der oberen Weser.
Der **Wilseder Berg** liegt in der Lüneburger Heide.

Die **Zugspitze** ist 2962 Meter hoch.

Bekannte Persönlichkeiten

Abraham Lincoln wurde im Jahr 1865 ermordet.
Alfred Nobel war ein schwedischer Chemiker.
Agatha Christie wurde durch ihre Kriminalromane weltbekannt.
Albert Einstein wurde in Ulm geboren.
Albert Lortzing komponierte die Oper *Zar und Zimmermann.*
Albrecht Dürer ist ein deutscher Maler.
Alexander Puschkin ist ein russischer Dichter.
Alexander von Humboldt ist ein deutscher Naturforscher.
Alice Schwarzer gründete die feministische Zeitschrift *Emma.*
Anna Achmatowa ist eine russische Lyrikerin.
Anne-Sophie Mutter ist eine weltberühmte Geigerin.
Aristoteles ist ein griechischer Philosoph.
Arp Schnitger ist ein norddeutscher Orgelbauer.
Arturo Toscanini ist ein italienischer Dirigent.
Astrid Lindgren ist eine schwedische Kinderbuchautorin.

Baron Münchhausen wurde in Bodenwerder geboren.
Bettina von Arnim ist eine deutsche Schriftstellerin.

Boris Herrmann ist ein erfolgreicher Segelsportler.
Boris Pasternak erhielt den Nobelpreis für Literatur.
Brigitte Bardot ist eine französische Filmschauspielerin.

Charles Aznavour ist ein französischer Schauspieler und Sänger.
Charles Dickens schrieb den Roman *Oliver Twist.*
Christian Wulf war niedersächsischer Ministerpräsident.

Christoph Kolumbus wurde in Genua geboren.
Coco Chanel ist eine französische Modeschöpferin.

Doris Lessing hat den Nobelpreis für Literatur gewonnen.

Edith Piaf ist eine französische Chansonsängerin.
Edvard Grieg ist ein norwegischer Komponist.
Edvard Munch ist ein norwegischer Maler.
Enrico Caruso ist ein italienischer Sänger.
Erich Maria Remarque schrieb den Roman *Im Westen nichts Neues.*

Federico Fellini ist ein italienischer Filmregisseur.
Franzisco Pizarro eroberte das Inkareich.
Franz-Joseph Strauß ist ein Mitbegründer der CSU.
Franz Liszt ist ein ungarischer Komponist.
Friedrich von Schiller wurde in Marbach am Neckar geboren.

Gaius Julius Caesar wurde 44 v. Chr. ermordet.
Galileo Galilei ist ein italienischer Mathematiker und Philosoph.
George Gershwin komponierte die Oper *Porgy und Bess.*
Georges Bizet komponierte die Oper *Carmen.*
Giacomo Puccini komponierte die Oper *Tosca.*
Gioachino Rossini komponierte die Oper *Der Barbier von Sevilla.*
Gottfried Wilhelm Leibnitz ist ein deutscher Philosoph und Mathematiker.
Greta Garbo ist eine schwedische Filmschauspielerin.

Guiseppe Verdi komponierte die Oper *Aida.*
Gustav Mahler ist ein österreichischer Komponist.

Hans-Christian Andersen ist ein dänischer Schriftsteller.

Hein ten Hoff war ein erfolgreicher Schwergewichtsboxer.
Henrik Ibsen ist ein norwegischer Dramatiker.
Henry Purcell ist ein britischer Komponist.

Hermann Bahlsen war ein Keksfabrikant.

Immanuel Kant ist ein deutscher Astronom.

Jan Ullrich gewann die Tour de France im Jahr 1997.
Jean-Jacques Rousseau ist ein französischer Schriftsteller und Philosoph.
Johannes Gutenberg ist ein deutscher Erfinder.
Jossif Stalin starb 1953.
Juri Gagarin ist ein russischer Kosmonaut.

Karl Marx wurde in Trier geboren.
Karl May ist einer der meistgelesenen deutschen Schriftsteller.
Katarina Witt ist eine zweimalige Olympiasiegerin im Eiskunstlaufen.

Leo Tolstoi verfasste den Roman *Krieg und Frieden.*
Lew Jaschin ist einer der besten Fußballtorhüter aller Zeiten.
Liv Ullmann ist eine norwegische Schauspielerin.
Liza Minnelli ist eine amerikanische Schauspielerin und Sängerin.

Louis Pasteur ist ein französischer Chemiker und Mikrobiologe.

Ludwig van Beethoven komponierte die Oper *Fidelio.*

Maria Callas ist eine amerikanische Sängerin griechischer Herkunft.
Maria Montessori ist eine italienische Pädagogin.
Marie Curie erhielt den Nobelpreis für Chemie und Physik.
Martin Luther King ist ein amerikanischer Pfarrer und Bürgerrechtler.
Martha Argerich ist eine weltberühmte Pianistin.
Max Pechstein ist ein deutscher Maler.

Niccolò Paganini ein italienischer Violinist.

Oscar Straus ist ein österreichischer Operettenkomponist.

Paula Modersohn-Becker ist eine deutsche Malerin.
Pelé ist einer der besten Fußballspieler aller Zeiten.

Richard Wagner komponierte die Oper *Der fliegende Holländer.*
Roald Amundsen erreichte als Erster den Südpol.
Robert Koch ist der Begründer der modernen Bakteriologie.

Selma Lagerlöf erhielt den Nobelpreis für Literatur.
Simone de Beauvoir ist eine französische Schriftstellerin.
Sokrates ist ein griechischer Philosoph.
Sophia Loren ist eine italienische Schauspielerin.
Sven Hedin ist ein schwedischer Asienforscher.

Thomas Alva Edison ist ein amerikanischer Erfinder.

Thomas Reiter ist ein ehemaliger Astronaut.
Tina Turner war eine amerikanische Rocksängerin.

Ulf Merbold war der erste deutsche Astronaut.

Ulrike Meinhof war eine Linksterroristin.

Valentina Tereschkowa war die erste Frau im All.

Bevor **Walter Scheel** Bundespräident wurde, war er Außenminister.
Walther von der Vogelweide war der bedeutendste deutsche Minnesänger.

Werner Heisenberg erhielt den Nobelpreis für Physik.
Wilhelm Busch ist ein deutscher Dichter und Zeichner.
Wolfgang Amadeus Mozart komponierte die Oper *Figaros Hochzeit.*
Woody Allen ist ein amerikanischer Filmregisseur, Schauspieler und Schriftsteller.

Xanthippe ist die angeblich zanksüchtige Gattin des Sokrates.

Yehudi Menuhin ist ein amerikanischer Violinist.

Zinédine Zidane ist einer der besten Fußballspieler aller Zeiten.

Dies und das, von A bis Z

Die **A 31** verbindet Emden mit dem Ruhrgebiet.
Das **Ammerland** ist eine Landschaft in Niedersachsen.
Die **Antarktis** ist ein Land- und Meeresgebiet am Südpol.
Aphrodite ist die griechische Göttin der Liebe und der Schönheit.
Arkansas ist ein Staat im Süden der USA.

Bacchus ist der römische Gott des Weins.
Johann Wolfgang von Goethe schrieb die **Ballade** vom Erlkönig.
Der **Bosporus** ist eine Meerenge zwischen Europa und Asien.
Die **Bouillabaisse** ist eine provenzalische Fischsuppe.
Der **Brocken** ist 1142 Meter hoch.
Das **Burgenland** ist ein Bundesland Österreichs.

Die **Camargue** ist eine französische Landschaft.
Der Spatz von Paris ist der Beiname der der **Chansonette** Edith Piaf.

Die Carl von Ossietzky Universität befindet sich in Oldenburg.

Die **diamantene Hochzeit** feiert man nach 60 Jahren.
Der **Dortmund-Ems-Kanal** verläuft in Nord-Süd-Richtung.
Gottfried Ephraim Lessing verfasste das **Drama** *Nathan der Weise.*

Das **Emmental** liegt in der Schweiz.

Es gibt eine **Fährverbindung** zwischen Bensersiel und Langeoog.
Es gibt eine **Fährverbindung** zwischen Emden und Borkum.
Es gibt eine **Fährverbindung** zwischen Harlesiel und Wangerooge.
Es gibt eine **Fährverbindung** zwischen Neuharlingersiel und Spiekeroog.
Es gibt eine **Fährverbindung** zwischen Norddeich-Mole und Juist.
Der **Feldberg** ist der höchste Berg des Schwarzwalds.
Die **Flagge** von Schweden ist blau mit einem gelben Kreuz.
Die **Frauenkirche** ist das Wahrzeichen von München.
Uruguay wurde 1930 **Fußballweltmeister.**
Italien wurde 1934 **Fußballweltmeister.**
Uruguay wurde 1950 **Fußballweltmeister.**
Brasilien wurde 1958 **Fußballweltmeister.**
England wurde 1966 **Fußballweltmeister.**
Deutschland wurde 1974 **Fußballweltmeister.**
Italien wurde 1982 **Fußballweltmeister.**
Deutschland wurde 1990 **Fußballweltmeister.**
Frankreich wurde 1998 **Fußballweltmeister.**
Deutschland wurde 2014 **Fußballweltmeister.**
Argentinien wurde 2022 **Fußballweltmeister.**

Gin ist ein Wacholderbranntwein.
Graubünden ist der östlichste Kanton der Schweiz.
Der **Große Arber** ist der höchste Berg im Bayerischen Wald.

Ungarn hat das Autokennzeichen **H**.
Laika war der erste **Hund** im Weltall.

Iowa ist ein Staat im Mittelwesten der USA.

Jütland ist der zum Festland gehörende Teil Dänemarks.

Kalziumsulfat ist Gips.
Beethoven schrieb das **Klavierstück** *Für Elise.*
Tolstoi schrieb den Roman ***Krieg und Frieden.***
Der **Krakowiak** ist ein polnischer Tanz.
Kruiden ist ein Magenbitter.

Die **Lombardei** ist eine Landschaft in Oberitalien.
Ein **Mensch,** der viel Erfahrung hat, ist ein alter Hase.
Der **Montmartre** ist das Vergnügungsviertel von Paris.
Die Klosterinsel **Mont Saint-Michel** liegt in der Normandie.
Indische Mungos sind Raubtiere.

Niedersachsen ist flächenmäßig das zweitgrößte Bundesland.
Marie Curie erhielt zweimal den **Nobelpreis.**

Die ersten **Olympischen Spiele** der Neuzeit wurden in Athen abgehalten.
Die **Olympischen Winterspiele** 1956 fanden in Cortina d 'Ampezzo statt.
Wolfgang Amadeus Mozart komponierte die **Oper** *Cosi fan tutte.*
Johann Strauß Sohn komponierte die **Operette** *Die Fledermaus.*
Oscar Straus komponierte die **Operette** *Ein Walzertraum.*

Paul Bocuse ist der Schöpfer der neuen französischen Küche.
Die **Piazza de San Marco** befindet sich in Venedig.
Pierre de Coubertin führte die Olympischen Spiele der Neuzeit ein.
Polenta ist eine Essensbeilage aus Maisbrei.
Der **Prater** ist der Wiener Vergnügungspark.
Die **Porta Nigra** befindet sich in Trier.
Die **Puszta** ist eine große Tiefebene in Ungarn.

Das **Quartier Latin** ist das Studentenviertel von Paris.

Raumfahrer sind in China Taikonauten.

Der **Riesling** ist eine Rebsorte.
Fjodor Dostojewski schrieb den **Roman** *Die Brüder Karamazow.*
Aldous Huxley schrieb den **Roman** *Schöne Neue Welt.*
Roquefortkäse wird aus Schafsmilch hergestellt.

Die **Schlacht bei Hastings** fand 1066 statt.
Die **Soljanka** ist eine säuerlich-scharfe osteuropäische Fleischsuppe.
Das **Statistische Bundesamt** befindet sich in Wiesbaden.

Die **Tante** von Harry Potter heißt Petunia.
Tullamore Dew ist eine irische Whiskeysorte.

Utah ist ein Staat in den USA.

Virginia ist ein Staat im Osten der USA.

Der **Yellowstone Nationalpark** liegt in Wyoming.

Zell liegt an der Mosel.
George Orwell verfasste den **Zukunftsroman** *1984*.
Zyklone sind Tiefdruckgebiete.

Gehirnjogging ist gut für Seniorinnen und Senioren, aber auch für jedefrau und jedermann.

- **Gedächtnistraining: Halten Sie Ihre grauen Gehirnzellen auf Trab.**
- **Testen und verbessern Sie regelmäßig Ihr Allgemeinwissen, von Ägypten bis Zypern, von Aachen bis Zwolle, von der Aller bis zur Ziller, von Abraham Lincoln bis Zinédine Zidane und noch viel mehr.**

Beispiel:

Kreuzen Sie bitte die richtige Lösung an.

Wie heißt die **Landeshauptstadt** von Hessen?

( ) Frankfurt
( ) Kassel
(x) Wiesbaden